좋은 운을
부르는 방법

좋은 운을 부르는 방법

초판 1쇄 발행 2019년 5월 27일

지은이 난경 / **펴낸이** 배충현 / **펴낸곳** 갈라북스 / **출판등록** 2011년 9월 19일(제2015-000098호) / 경기도 고양시 덕양구 중앙로 542, 903호(행신동) / **전화** (031)970-9102 **팩스** (031)970-9103 / **홈페이지** www.galabooks.net / **페이스북** www.facebook.com/bookgala / **전자우편** galabooks@naver.com / **ISBN** 979-11-86518-34-2 (03180)

이 도서의 국립중앙도서관 출판예정도서목록(CIP)은 서지정보유통지원시스템 홈페이지(http://seoji.nl.go.kr)와 국가자료종합목록시스템(http://www.nl.go.kr/kolisnet)에서 이용하실 수 있습니다.(CIP제어번호 : CIP2019017351)

좋은 운을 부르는 방법

행복한 인생을 위한 지침서

사주명리학을 공부하면서 늘 아쉽게 생각했던 게 있다. 바로 누구나 쉽게 이해해 실생활에 바로 활용해 볼 수 있는 관련 도서를 찾기가 어렵다는 것이다.

인터넷 카페에 올라오는 많은 글과 이 분야에 관심 있는 주변 분의 물음도 비슷했다. 좀 더 쉽게 사주명리학을 이해하고 실제 활용해 볼 수 있는 책을 추천해 달라는 내용이 많았다.

물론 사주명리학은 쉽지 않은 학문이다. 고전을 공부해야 하는 만큼 추가적으로 이해하고 풀이해야 하는 부분들도 많다. 파고 들면 파고 들수록 넓이와 깊이에 경외감까지 갖게 되는 것도 사주명리학이다.

하지만 모든 사람들이 깊이 있는 지식을 기반으로 사주명리학을 이해할 필요는 없다. 작은 관심과 이해만으로도 실생활에 활용해 볼 수 있는 부분도 많기 때문이다. 이것이 바로 이 책을 쓰게 된 동기다.

기존 사주명리학을 다룬 책들의 다수는 너무 전문가에게만 적합하다고 생각됐다. 물론 좀 더 전문적이고 깊이 있는 책도 중요하다. 어렵다고 관련 도서가 나오지 않는다면 학문적 발전도 기대할 수 없기 때문이다. 또 한편으론 보다 쉽게 쓰여진 책들도 필요하다. 사주명리학의 저변을 넓힌다는 것도 관련 도서가 담당해야 할 의미 있는 역할일 수 있기 때문이다.

이 책은 사주명리학과 관련된 내용을 인문학적으로 쉽게 풀어 쓴 책이다. 책 전반부에는 사주명리학의 기초 지식을 익히도록 했다. 기초 지식이라 함은 자신의 사주팔자를 표출해 해석해 볼 수 있는 수준이다. 특히 요즘에는 스마트폰 어플을 활용할 수도 있다. 어플을 활용하기 위해서도 기초 지식 정도는 알아야 한다. 그래야 활용할 수 있다. 방법은 간단하다. 책의 기술된 내용을 차근차근 따라하면 사주명리학을 실제 생활에 활용해 볼 수 있는 부분은 생각보다 다양하다.

자세한 개운법도 실었다. 따라서 철학관을 가지 않아도 이 책 한 권만으로도 충분히 내 가족들의 운을 볼 수 있도록 했다. 실제 상담할 때 쓰는 방법과 인터넷 카페를 운영하며 올린 글 중에 호응이 좋았던 내용을 재구성해 함께 실었다. 아울러 사주명리학 분야 고수들의 몇 가지 기법도 공개돼 있다. 실제 상담 사례와 고수의 기법을 재구성한 만큼 독자들이 흥미 있게 공감할 수 있기 바란다.

자신에게 '나쁜 운'이 있다면 미리 피하거나 대처할 수 있는 방법을 알고, '좋은 운'을 끌어들일 수 있다면 행복한 인생을 만드는데 도움이 될 수 있다. 이것이 바로 사주명리학을 공부하는 궁극적인 이유일 수도 있다.

이 책이 독자들에게 행복지침서가 됐으면 하는 바람이다. 사주를 깊이 있게 공부하는 분들 뿐만 아니라 일반인들에게도 행복한 인생을 만들어 가는데 좋은 길잡이가 될 수 있기 소망한다.

_ 어느 새벽 아름다운 새소리를 들으며

목 차

제3장 한 해의 운을 알아보는 법

제4장 운이 궁금해 찾아 온 사람들의 이야기

제5장 좋은 운을 끌어들이는 방법

제6장 태어난 날짜를 모를 때 운을 보는 방법

1장

사주팔자(四柱八字)란
무엇인가?

1

사주와 팔자는
다른 것 안가요?

"사주(四柱)와 팔자(八字)는 다른 것 인가요? 사주 따로 팔자 따로 아닌가요?"

"아닙니다. 사주와 팔자는 같은 겁니다. 사주는 년(年)월(月)일(日) 시(時) 네 개의 기둥을 말하는 것입니다. 팔자는 그 네 개의 기둥에 들어가는 글자가 여덟 개라는 뜻입니다. 그래서 사주팔자라고 하는 거예요. 누가 그러던가요? 다르다고?"

"아니 일반적으로 그렇게들 생각하던데요? 노래 가사 중에도 팔자라고는 해도, 사주팔자라고는 하지 않잖아요. 저 같은 사람은 모르니까 다르다고 생각하는데 제 주변도 다 그렇게 생각할 껄요?"

좋은 운을 부르는 방법

사주와 팔자를 각각 다르다고 생각하는 사람들이 있다. 이와 관련 위와 같은 질문을 들은 적이 있다. 사주를 말해주는 나의 입장에서는 황당한 질문이다. 하지만 사주를 모르는 사람 입장에서는 충분히 그럴 수가 있다. 돌이켜보면 나 또한 명리학을 공부하지 않았을 때 사주팔자를 따로 생각했었으니 말이다.

질문을 듣는 순간 사주팔자에 대해서 명리학을 공부하지 않은 사람들도 사주(四柱)와 팔자(八字)가 따로 라는 생각에서 벗어나게 해주고픈 마음이 들었다.

사주(四柱)는 하늘에서 인간을 세상으로 보낼 때 살아감에 있어서 '기쁠 때'는 '좋지 못한 일'이 생길 것을 염려해서 미리 대비 하도록 하고, '안 좋은 일이 생겼을 때'는 '좋은 일이 생길 것'을 알고 고난을 이겨나갈 수 있도록 도움을 주기 위해 함께 보낸 안내서와 같다.

태어난 년(年), 월(月), 일(日), 시(時)를 가지고 네 개의 기둥을 만든 것이 사주(四柱)다. 사(四)는 넉사 자이고 주(柱)는 기둥주 자다. 이 말은 다시 말해 '네 개의 기둥'이라는 뜻이다. 네 개의 기둥 속에는 하늘과 땅의 움직임을 의미하는 '여덟 개의 글자'가 들어간다. 그것을 팔자(八字)라고 하는데 이것을 이어 붙여 말하면 '사주팔자(四柱八字)'가 되는 것이다.

사주에서도 년과 월은 그 해, 그 달에 태어난 사람 모두에게 똑같이 적용이 된다. 예를 들면 양력으로 2014년 3월에 태어난 사람들은 갑오(甲午)년 정묘(丁卯)월이 똑같이 적용된다.

여기서 절기에 따라 월이 달라지기는 한다. 3월이니 경칩을 기준으로 들어오는 시간에 따라 달라진다.

경칩일에 태어났다 해도 경칩이 들어오는 시간 이전에 태어난 사람은 병인(丙寅)월이 된다. 경칩이 지난 3월에 똑같이 태어났다면 년과 월은 같다. 그러나 일과 시는 태어난 일과 시에 따라 달라진다.

태어난 시를 잘 기억하라

간혹 같은 일과 시에 태어나는 사람도 있다. 하지만 그 또한 남자인지 여자인지에 따라서 운의 흐름이 바뀐다.

이렇게 본다면 가장 중요한 것은 '태어난 일'과 '태어난 시'가 되는데, 이것이 흔히 우리가 "말년운이 어때요?"하고 물어볼 때 말년운이 된다. 거기에 더 보탠다면 자녀의 모습을 볼 수가 있고 처갓집, 시댁의 모습까지 볼 수 있는 자리가 된다.

　신생아가 태어났을 때 아이의 이름도 중요하지만 태어난 시를 정확히 기억을 하고 있어야 한다. 그렇지 못하면 옛날 우리 어르신들이 태어난 시간을 몰라서 '소여물 줄 때' '닭이 울 때' '애들 아버지 출근할 때' '아침밥 먹으려고 할 때' 등등… 이런 식의 시간이 돼 버린다. 그러면 시간이 아주 애매해지기 때문에 사주팔자로 말년운과 자녀운 더 나아가 처갓집, 시댁의 모습을 볼 수가 없게 된다. 이러한 모든 것이 어우러져서 사주팔자라는 여덟 글자로 한 사람의 운명, 즉 '길흉화복(占凶禍福)'을 볼 수가 있는 것이다.

　사주와 팔자는 다르지 않고 하나의 완성된 단어다. 수천 년도 더 된 학문이 바로 명리학이다. 그런데 명리학과 사주팔자를 미신으로 취급하는 사람들이 많다. 그래서 점집이라는 표현을 쓴다.

　占(점)을 파자하면 '卜(복)'와 '口(구)'가 된다. 여기서 卜(복)은 '길흉을 알아내다', '점'이라는 사전적 의미가 있다. 이것에 口(구), 즉 입 구를 붙여서 占(점)이라고 한다. 한마디로 '길흉을 입으로 말해주는 것'을 점이라고 한다. 그런데 일각에서는 占(점)이라고 하면 '굿을 하고 귀신을 부르고 신끼로 길흉을 말해주는 것'으로 인식을 한다. 이런 이유로 사주팔자를 공부한다면 신끼가 있어서 '귀신에 의해 앞날을 예측하는 것'으로 오해하는 사람들이 많다. 하지만 그렇지가 않다. 세상만물의 변화가 우리들이 살아가는 삶에 어떤 영향을 주는지 알기 위해 사주팔자 네 기둥을 뽑아 그 속에서 길흉화복을 예측하는 것이다.

사주상담을 하면서 사주팔자 네 기둥을 다 아는 것은 참 중요하다는 것을 많이 느끼게 된다. 아이가 태어났을 때, 이미 태어났다면 생년월일시를 양력과 음력을 구분해주고 태어난 시를 잘 기억해서 메모로 아이들에게 남겨주는 것도 아주 중요한 일 중에 하나다. 젊은 30~40대 주부들도 상담을 시작할 때 자기 아이의 태어난 시와 태어난 생년월일이 음력인지 양력인지 헷갈려하는 걸 보고 한심하게 느껴진 적이 많다.

옛날에는 시계도 달력도 제대로 없던 시절이라 그렇다고 치지만 지금은 문명이 발달해서 얼마든지 알 수가 있는 부분인데도 그것을 잊어버리고 있는 경우가 더러 있었다. 사주팔자에 대해 궁금하고 알고 싶다면 내 가족의 생년월일시 정도는 알고 있어야만 한다.

2
運

사주팔자 클릭 한번으로
보는 법 (만세력)

　사주팔자를 보기 위해서는 우선 생년월일시를 만세력 책자를
보고 뽑아야한다. 사주를 뽑기 위해서는 절기도 알아야하고 여러
가지 학술적인 내용을 알아야만 한다. 사주를 전혀 알지 못하는
입장에서는 어려운 일이다.

　그러나 요즘은 스마트폰에 만세력 어플을 다운 받으면 누구나
사주는 뽑을 수 있다. 만세력 어플에 본인의 생년월일시를 넣으면
사주팔자가 나온다. 그것을 보고 내 사주에는 어떤 글자가 들어있
는지 볼 수가 있다.

　만세력 어플로 내 사주를 뽑는 것만으로 해석할 수는 없다. 해
석하기까지는 꽤 오랜 시간 공부를 해야 하기 때문이다. 그러므로

여기에서는 일단, 만세력 어플로 사주팔자를 뽑아서 木火土金水
^(목화토금수) 중에 무엇이 들어있는지 우선 보기로 한다.

예를 들어서 2018년 10월 9일 20시 18분에 출생한 사람이 있
다고 한다면, 만세력 어플에 이 생년월일시를 넣고 여자인지 남자
인지를 선택한다. 그리고 양력인지 음력인지를 선택한 후 클릭하
면 사주 네 기둥이 나온다.

例 이름 김갑돌 2018년 10월 9일 20시 18분 출생 남자 (양력)			
時	日	月	年
甲	甲	壬	戊
戌	戌	戌	戌
80 70 60 50 40 30 20 10			
庚 己 戊 丁 丙 乙 甲 癸			
午 巳 辰 卯 寅 丑 子 亥			

이것이 김갑돌의 사주팔자가 되는 것이다. 이번 장에서는 사주
뽑는 법을, 그리고 다음 장에서는 이 사주의 여덟 글자가 어떤 글
자인지 보고 읽을 수 있는 법을 적으려고 한다.

사주예시를 보면 年月日時^(연월일시)로 순서가 되어야하는데 위
의 사주명식[*]에는 時日月年^(시일월년)로 순서가 다르게 표기가 되

고 있다. 이 점이 이상하게 생각 될 수가 있는데 몇 천년 전부터 이렇게 내려왔기에 지금도 같은 형식으로 쓰고 있는 것이다. 혹자는 年月日時 이렇게 쓰는 사람도 있다. 그러나 대부분 時日月年로 표기하여 쓰고 있으니 이렇게 보는 것이 좋을듯하다. 눈에 익은 모습이 時日月年이라 나 또한 이 방식으로 사주를 표기하고 있다. 만세력을 보면 모두 時日月年로 순으로 나오고 있다. 간혹 아닌 경우도 있긴 있지만 다수가 이 방법으로 쓰고 있다.

사주를 뽑고 운을 볼 때는 대운을 보고 판단한다. 대운이란 십년에 한 번씩 들어오는 운으로 누구나에게 다 해당이 되는 운이다. 사주를 뽑아 보면 사주팔자 밑에 숫자와 간지**가 있는 것을 볼 수가 있다. 그것은 대운을 뜻한다. 앞의 사주는 10살 때부터 대운이 들어온다. 사주팔자에 따라서 1~10까지로 들어오는 첫 대운의 나이가 달라진다. 어떤 사주는 8살에 첫 대운이 들어오면 10년 단위로 운이 바뀌는데 두 번째 대운은 10년마다 바뀌므로 28세에 들어오게 되고 세 번째 대운은 10년마다 바뀌므로 38세에 들어온다. 이런 식으로 몇 살에 대운이 들어오는지 보면 알 수가

---

* 사주(四柱)와 명식(命式). 사주(생년월일시)를 표기한 형식
** 천간과 지지

있다. 이 대운이 어떻게 들어 오냐에 따라서 10년 동안 사주팔자에 영향을 주는 것이다.

대운 해석은 이 단계에서는 어렵다. 몇 년을 해도 대운의 길흉을 알아낸다는 것은 힘든 과정이기 때문이다. 만세력을 뽑아보고 나의 대운이 몇 살부터 들어오는지, 어떤 글자가 들어오는지 보면 그때에 운이 바뀜을 저절로 느껴진다. 일단 대운이 바뀔 시점으로 환경의 변화가 오기 때문이다.

이 책 속의 '강한 사주인지, 약한 사주인지 아는 법'을 참고해서 정확하게는 아니라도 간단하게 대운의 길흉을 알아보는 방법이 있다. 내 사주가 '신강'하면 덜어주는 운이 오면 좋다. '신약'하면 보탬을 주는 운이 오면 좋다고 봐도 무방하다. 일단 '신강' '신약'은 뒤로 미루고 사주팔자가 어떤 것인지 부터 알아야 한다.

논개의 사주

사주에서 年(년)은 내가 태어난 바탕이 되므로 내 조상의 자리가 된다. 月(월)은 부모 형제의 자리가 되며 직장이나 주택이 된다. 日(일)은 배우자의 자리이며 時(시)는 자녀의 자리다. 사주 여덟 글자를 잘 파악해서 사람의 운명을 추론하는 것이다.

나의 조상이 어떤가를 보고 싶으면 年^(년)에 어떤 모습으로 있는지 보면 알 수가 있다. 부모형제, 배우자, 자식 모두 같은 방법으로 보면 된다. 이렇게 사주를 뽑았으면 내 사주의 모습을 보고 어떤 글자가 들어있는지 아는 것이 중요하다. 이 책의 내용은 누구나 쉽게 나와 가족의 사주에 어떤 글자가 들어 있는지에 대해서 볼 수 있도록 설명하고 있다. 그것을 바탕으로 스스로가 뒤에 실려 있는 '좋은 운을 끌어들이는 방법'에 활용할 수가 있도록 기초이론을 실었다.

사주명리학을 공부하다보면 옛날 분들의 사주를 가지고 풀이하는 연습도 하게 된다. 앞의 사주 예시를 보면 이 책을 쓸 때의 시간이다. 그 시간을 '김갑돌' 이라는 예명으로 사주명식을 뽑았다. 신기한 것이 밑에 적혀있는 글자가 모두 '戌'이다. 戌^(술)은 십이지지^(十二地支) 중에 열 한 번째다. 개를 의미한다. 이것을 또한 토^(土)라고도 하고 火^(화)를 저장한 창고로도 본다.

옛날 논개의 사주가 다음과 같았다고 한다. 이렇게 특이하게 생긴 사주는 보기 드물다.

時	日	月	年
甲	甲	甲	甲
戌	戌	戌	戌

사주를 보다보면 특이한 사주가 많다. 나 또한 철학관에 갔을 때 그 선생님께서 내 사주를 '양신성상격'이라는 용어를 쓰면서 설명해주는데서 사주 공부를 하게 됐다. 아래의 내 사주 또한 특이하기 때문이다.

時	日	月	年
庚	庚	己	庚
辰	申	丑	戌

같은 글자가 많다. 이 경우를 土金(토금)으로만 이루어졌다고 한다. 논개의 사주는 木土(목토)로만 이루어진 사주다.

木火土金水(목화토금수) 다섯 가지를 오행이라고 한다. 사주에는 다섯 개의 오행이 골고루 다 들어있는 경우, 이처럼 두 개만 들어있는 경우 등 다양한 모습이 있다. 따라서 이것을 알게 되면 내 사주에는 어떤 오행이 들어 있는지 알 수가 있다.

오행이 골고루 들어가 균형과 조화를 이루면 좋은 사주라고 한다. 그렇지 못하고 한쪽으로만 치우친 사주를 좋지 않다고 한다. 그러나 예외도 있다. 이 또한 사주팔자 여덟 글자를 잘 분석해야지만 알 수가 있는 부분이다.

사주명리학은 끝도 없이 공부 해야 하는 학문이다. 쉽게 접근하기 힘들지만 우리들이 가장 궁금해 하는 부분을 알 수도 있는 학문이기도 하다. 그러니 어려운 것은 당연한 것이다. 인생을 보는데 쉬워서는 안 되기 때문이다.

이제 사주팔자 속 여덟 글자의 모습을 알아보도록 하자.

3

運

사주팔자 속
여덟 글자 알아보기

사주에는 여덟 개의 글자가 들어간다. 이 글자는 木火土金水(목화토금수)라는 다섯 개의 오행이다. 여기서 五行(오행)의 원리를 다루기는 힘들다. 우선 음양에 대해 알아야 한다. 때문에 사주를 전혀 모르는 입장에서는 책을 덮어 버릴 수가 있기 때문이다. 그렇다면 오행은 어떤 모습으로 사주팔자 속에 들어가 있는지를 보면 다섯 개의 오행을 천간 열 개와 지지 12개(십이지지)로 나누어서 볼 수가 있다. '육십갑자(六十甲子)'라고 들어봤을 것이다. 이 육십갑자가 사주팔자 속에 그대로 들어가는 것이다. 우리가 흔히 돼지띠 개띠 원숭이띠 등등 할 때, 이 띠들이 모두 같지는 않다. 1971년 돼지띠와 1995년 돼지띠는 같은 돼지띠라도 틀리다.

십이지지에는 子^(자) 丑^(축) 寅^(인) 卯^(묘) 辰^(진) 巳^(사) 午^(오) 未^(미) 申^(신) 酉^(유) 戌^(술) 亥^(해)**가 있다.** 십이지지는 봄 여름 가을 겨울 사계절을 돌아서 또 다시 사계절을 만들어 간다.

십이지지만 도는 게 아니라 십이지지 위에 짝지가 있어서, 짝지와 함께 하나의 기둥을 이루며 돌아가고 있다. 그렇다보니 매년 짝지가 바뀌게 된다.

그 짝지를 하늘 위에 이고 있는데, 이 짝지들은 총 10개로만 이루어져있다. 그래서 이 짝지를 十干^(십간) 또는 十天干^(십천간)이라고 한다.

十干^(십간)**에는** 甲^(갑) 乙^(을) 丙^(병) 丁^(정) 戊^(무) 己^(기) 庚^(경) 辛^(신) 壬^(임) 癸^(계) **열 개가 들어있다.** 십이지지 위에 이 십간이 위로 올라가서 甲子^(갑자) 乙丑^(을축) 등이 이루어진다. 그런데 甲^(갑)부터 시작해 癸^(계)까지 돌아가면 십이지지 중 10번째 지지^(地支)까지만 갈 수 있다. 10번째가 酉^(유)이므로 癸酉^(계유)가 된다. 그럼 나머지 戌亥^(술해)에는 다시 甲부터 가므로 甲戌^(갑술)이 된다. 이렇게 60번 돌게 되는데 이게 '육십갑자'다.

〈표〉육십갑자(六十甲子)

甲子 갑자	乙丑 을축	丙寅 병인	丁卯 정묘	戊辰 무진	己巳 기사	庚午 경오	辛未 신미	壬申 임신	癸酉 계유
甲戌 갑술	乙亥 을해	丙子 병자	丁丑 정축	戊寅 무인	己卯 기묘	庚辰 경진	辛巳 신사	壬午 임오	癸未 계미
甲申 갑신	乙酉 을유	丙戌 병술	丁亥 정해	戊子 무자	己丑 기축	庚寅 경인	辛卯 신묘	壬辰 임진	癸巳 계사
甲午 갑오	乙未 을미	丙申 병신	丁酉 정유	戊戌 무술	己亥 기해	庚子 경자	辛丑 신축	壬寅 임인	癸卯 계묘
甲辰 갑진	乙巳 을사	丙午 병오	丁未 정미	戊申 무신	己酉 기유	庚戌 경술	辛亥 신해	壬子 임자	癸丑 계축
甲寅 갑인	乙卯 을묘	丙辰 병진	丁巳 정사	戊午 무오	己未 기미	庚申 경신	辛酉 신유	壬戌 임술	癸亥 계해

〈표〉를 보면 같은 돼지띠라도 다름을 알 수가 있다. 1971년 돼지띠는 辛亥(신해)이고 1995년 돼지띠는 乙亥(을해)이다. 亥(해) 위에 천간이 다름을 알 수가 있다. 그러므로 같은 돼지라도 매년 오는 운에 따라 다른 영향을 받을 수가 있는 것이다. 배우자를 만날 때도 돼지띠라고 다 같을 수는 없다. 어느 해 돼지띠인지를 알고 궁합을 보면 더욱 자세히 알 수가 있다.

십간(十干) 십이지지(十二地支)의 글자가 어떤 오행을 나타내는지 알아보도록 하자. 천간의 글자가 나타내는 오행을 우선 알아야한다.

천간(天干), 즉 십간에는 열 개의 글자가 있다. 그 글자들이 나타내는 오행은 다섯 개다.

甲(갑) 乙(을) → 木(목), 나무, 간 · 담, 신맛, 청색

丙(병) 丁(정) → 火(화), 불, 심장, 쓴맛, 붉은색

戊(무) 己(기) → 土(토), 흙, 비 · 위장, 단맛, 황색

庚(경) 辛(신) → 金(금), 쇠, 폐 · 대장, 매운맛, 흰색

壬(임) 癸(계) → 水(수), 물, 신장, 짠맛, 검정색

위는 천간 열 개의 글자와 그 글자가 나타내는 오행과 신체, 맛, 색깔이다. 여기서 글자는 열 개인데 두 개씩 묶어서 쓴 것을 볼 수가 있다.

陰陽(음양)에 의해서 같은 오행이라도 음양이 틀리다. 다음은 천간(십간) 열 개의 글자를 陰(음)과 陽(양)을 나눈 것이다.

甲(갑) 丙(병) 戊(무) 庚(경) 壬(임)은 陽(양)에 속한다.

乙(을) 丁(정) 己(기) 辛(신) 癸(계)는 陰(음)에 속한다.

음양의 조화

음양은 서로 대립하면서 하나의 통일을 이루는 氣(기)를 뜻한다.

남자를 陽(양)이라하고 여자를 陰(음)이라고 한다. 남자와 여자가 만나서 결혼이라는 하나의 완성을 하게 되는데 이것을 '음양의 조화'라고 한다. 남자인 陽(양)만 있어서는 살수가 없고, 여자인 陰(음)만 있어서도 살수가 없듯이 이렇게 남녀의 조화가 이루어져야한다.

다른 예로는 태양은 陽(양)이고 달은 陰(음)인데 태양과 달이 함께 함으로써 하루라는 통일(음양의 조화)이 이루어져야 이 지구상에 우리가 살아갈 수 있는 좋은 여건이 마련되는 것이다. 태양만 있고 달이 없다면 동식물이 살아 갈 수가 없다. 온 천지가 메마르기 때문이다. 사주팔자로 운을 볼 때 음양의 조화가 이루어지면 사는 것이 편안하다. 음양의 조화가 깨어지면 삶이 불안한 것이다. 태양만 있어서 온 천지가 메마르는 것과 같다.

우리의 몸도 음양의 조화가 깨어져서 병이 나는 것이다. 음양오행을 알면 우리 몸에 어떤 것이 부족한지, 아니면 넘쳐나는지에 따라서 어떤 병이 생기는지도 알 수가 있다. 戊(무)토 일간을 예로 들면, 戊(무)토는 土(토)이다. 土(토)는 흙이다. 그런데 사주에 물이 많은 경우가 있다. 물이 많다는 것은 이런 것이다. 천간으로는 壬(임)수와 癸(수)가 있고 지지로는 亥(해)수와 子(자)수가 여러 개 있는것이다. 흙은 물에 의해 깎여 흘러내린다. 오행으로 土(토)는 위장이다. 물에 의해 위장이 흘려 내리니 위장병이 생길 수가 있는 것이

좋은 운을 부르는 방법

다. 이러한 것을 알기 위해 위의 십간과 십이지지로 음양의 조화를 보는 것이다.

십간의 글자를 오행과 음양으로 나누어 봤으니 이제 십이지지를 알아보자.

子(자) → 水, 쥐, 물

丑(축) → 土, 소, 흙

寅(인) → 木, 호랑이, 나무

卯(묘) → 木, 토끼, 나무

辰(진) → 土, 용, 흙

巳(사) → 火, 뱀, 불

午(오) → 火, 말, 불

未(미) → 土, 양, 흙

申(신) → 金, 원숭이, 쇠

酉(유) → 金, 닭, 쇠

戌(술) → 土, 개, 흙

亥(해) → 水, 돼지, 물

십이지지가 木火土金水(목화토금수) 중 어느 오행에 속하는지 어떤 동물인지를 알아봤다. 색깔과 맛, 장기는 앞의 천간에 설명이 있으니 그것을 참고해서 오행으로 보면 된다. 그러면 십이지지는 음양으로는 어디에 속하는지 알아봐야한다.

子(자) 寅(인) 辰(진) 午(오) 申(신) 戌(술)은 陽(양)에 속한다.

丑(축) 卯(묘) 巳(사) 未(미) 酉(유) 亥(해)는 陰(음)에 속한다

태어난 일간(태어난 일의 천간)을 기준으로 나머지 일곱 글자에 상생 상극을 넣어서 '육친(六親)'을 표출해야 한다. 여기서 상생 상극에 대해서 알아야 내 사주에 어떤 글자의 육친이 있는지 알 수가 있다.

상생(相生)은 서로가 생(生)해주는 것, 상극(相剋)은 서로가 극(剋)하는 것을 말한다. 간단히 설명하면 목화토금수가 서로 도와주는지, 서로 이기고 지는지를 보는 것이다.

木(목)은 火(화)를 보면 도와준다. 이것을 生(생)이라고 한다. 木(목)은 金(금)을 보면 쇠가 나무를 자르니 그것을 剋(극)이라고 한다. 이런 식으로 木火土金水(목화토금수)는 상생 상극을 하게 되어 있다. 상생과 상극을 말할 때 나무나 흙, 불, 물, 쇠붙이 등으로 표현을 하지만 木火土金水(목화토금수)는 기운의 흐름을 말하는 것이다. 천간으로는 甲乙丙丁戊己庚辛壬癸(갑을병정무기경신임계) 순서대로 기운의 흐름이나 변화를 말한다.

甲乙(갑을)은 봄, 丙丁(병정)은 여름, 戊己(무기)는 중앙으로 봄에

서 여름이 극에 달했을 때 그것을 거두어서 가을을 열어주는 역할을 한다. 庚辛^(경신)은 가을, 壬癸^(임계)는 겨울, 이렇게 사계절이 순환하는 것을 상생이라고 한다.

상극은 봄이 가을을 만난 것을 말하고 여름이 겨울을 만난 것을 말한다. 봄을 나타내는 甲乙^(갑을)은 나무이므로 가을을 나타내는 庚辛^(경신)인 쇠가 나무를 자르기 때문에 이것을 剋^(극)이라고 한다.

이것을 알게 되면 육친을 표출할 수가 있다. 육친에는 인성^(印星), 재성^(財星), 비겁^(比劫), 관성^(官星), 식상^(食傷)의 다섯 가지가 있다. 이 육친은 사주팔자를 해석할 때 쓰이는 아주 중요한 부분이다.

육친을 표출하는 방법

육친을 표출 하는 방법을 알아보도록 하자. 오행에는 木, 火, 土, 金, 水 이렇게 다섯 개가 있다. 오행을 알았으면 오행들의 상생상극을 또 알아야한다.

상생이란 모자^(母子) 관계를 말한다. 예를 들면 木^(목)이 자라려면 물을 주어야한다. 그 물이 水^(수)가 된다. 그래서 수생목^(水生木)이 되는 것이다. 그럼 木^(목)입장에서는 이 水^(수)가 모^(母)가 된다.

모^(母)를 육신으로 말한다면 인성이 되는 것이다. 그러므로 인성을 어머니로 본다.

반대로 水^(수) 입장에서 木^(목)은 무엇인가? 물을 주어 기르는 것은 어머니 입장에서는 자식이다. 자식을 기르는 사람은 어머니이기 때문이다. 그러므로 水^(수) 입장에서 木^(목)은 자식이 된다. 그것을 '식상'이라고 한다. 상극이란 억제하는 관계를 말한다. 여기서도 예를 든다면 火^(화)기운이 넘쳐서 나무에 불이 붙고 활활 타오른다면, 火^(화)의 기운을 멈추게 해야 한다. 숲에서 나무가 불타오르면 숲이 망가진다. 그러므로 물로써 누그러뜨려야한다. 그러기 위해서는 물이 필요하다. 이 물이 水^(수)다. 이것을 수극화(水剋火)라 한다. 나를 통제하는 존재를 육신으로 말한다면 관성이다. 이 水^(수)가 관성이 되는 것이다. 관성은 직장이나 남편이나 명예가 된다. 나를 통제한다는 것은 남자 입장에서 볼 때 직장이다. 직장에서는 내 마음대로 할 수가 없다. 직장의 방침에 따라야 하므로 나를 통제한다. 그래서 관성이 직장이 되는 것이다.

여자 입장에서도 직장이 나를 통제하는 곳이다. 하지만 나를 통제하는 또 다른 것이 있다. 그것은 남편이다. 여자는 결혼과 동시에 남편의 통제 아래 들어간다. 옛날에는 여자가 함부로 남편 허락 없이는 무슨 일이든 할 수가 없었다. 남편의 통제 아래 움직여야 했기 때문이다. 그래서 관성을 남편으로 보는 것이다. 그렇다면 火(화) 입장에서는 水(수)가 관성이 되지만 水(수)입장에서는 火(화)를 통제해야하는 입장이다. 水(수)입장에서 통제를 해야 하므로 마음대로 할 수가 있는 존재다. 그것이 재성이 된다. 재성은 여자다. 돈도 된다. 그러므로 水(수)입장에서 火(화)는 재성이므로 남자에게는 아내가 된다. 옛날에는 남자 입장에서 마음대로 할 수 있었던 것이 아내다. 아내는 나의 통제 아래 들어와 있는 사람이다. 그래서 재성을 처로 보는 것이다.

오행의 상생 상극으로 모든 관계를 유추하면 육친을 알 수가 있다. 오행은 상생상극을 순환하면서 조화를 이루게 된다. 육친을 알려면 어떻게 알 수가 있는가?

천간과 지지에 어떤 오행이 있는지 다시 표시하면 〈표〉와 같다. 地支(지지)는 지장간 정기(正氣)의 육신으로 표출을 한다. 지장간은 지지 속에 들어 있는 천간이다. 지장간 속에는 세 개의 천간이 들어있는데, 이것을 정기·중기·여기로 나눈다. 지장간 속은 인간사가 다 들어 있다. 천간은 하늘의 일, 지지는 땅의 일, 지장간은 인간의 일이다. 그래서 지장간을 중요하게 생각한다. 숨은 이야기들이 많이 숨겨져 있기 때문이다. 먼저 천간을 음양(陰陽)으로 구분할 줄 알아야 한다.

〈표〉 천간과 지지의 오행

음양\오행	陽	陰
木	甲	乙
火	丙	丁
土	戊	己
金	庚	辛
水	壬	癸

이렇게 나누어진다.

지지도 음양(陰陽)을 구분하면 되지만, 문제점이 자오(子午)와 사해(巳亥)에서 음양이 틀려져 육친이 헷갈릴 수가 있다. 그러나 지장간의 정기(正氣)로 본다면 음양이 헷갈리지 않을것이다.

지장간은 다음과 같다. 붉은색은 지장간의 정기이다.

지지\지장간	子	丑	寅	卯	辰	巳	午	未	申	酉	戌	亥	
지장간	壬癸	癸辛己	戊丙甲	甲乙	乙癸戊	戊庚丙	丙己丁	丁乙己	戊壬庚	庚辛	辛丁戊	戊甲壬	(여기)(중기)(정기)

빨간색이 지장간의 정기이다. 地支^(지지)는 정기를 보고 육친을 표출하면 된다.

육친 다섯 가지를 음양에 의해 열개도 나눈것이 십신^(十神)이다. 십신은 다음과 같다.

• **비겁**

비견: 일간과 같은 오행으로 음양이 같은 것을 말하며 친구 형제 동기간 등을 의미한다.

겁재: 일간과 같은 오행으로 음양이 다른 것을 말하며 친구 형제 동기간 등을 의미한다.

• **식상**

식신: 일간이 생^(生)하는 오행으로 음양이 같은 것을 말하며 여자 에게는 자녀가 되고 남자에게는 장모가 된다.

상관: 일간이 생^(生)하는 오행으로 음양이 다른 것을 말하며 여자 에게는 자녀가 되고 남자에게는 조모가 된다.

• **재성**

정재: 일간이 극^(剋)하는 오행으로 음양이 다른 것을 말하며 남자

에게는 부인이 되고 고정수입이 되며 여자에게는 재물과 고
모 등이 된다.

편재: 일간이 극(剋)하는 오행으로 음양이 같은 것을 말하며 남자
에게는 첩이 되고 아버지가 되며 여자에게는 아버지와 재물
이 된다.

• 인성

정인: 일간을 생(生)하는 오행으로 음양이 다른 것을 말하며 남녀 모
두에게 어머니가 되고 문서 학업 선생님 자격증 등이 된다.

편인: 일간을 생(生)하는 오행으로 음양이 같은 것을 말하며 남녀
모두에게 계모 또는 모친의 형제가 되며 문서 자격증 기술
등이 된다.

• 관성

정관: 일간을 극(剋)하는 오행으로 음양이 다른 것을 말하며 남자
에게는 자녀와 직장 여자에게는 남편과 직장이 된다.

편관: 일간을 극(剋)하는 오행으로 음양이 같은 것을 말하며 남자
에게는 직장과 자녀가 되고 여자에게는 애인이 된다.

좋은 운을 부르는 방법

이렇게 육친을 알아보면 된다.

비견이라는 것은 나와 동등한 입장을 말한다. 어깨를 나란히 하니 친구 형제 동기 사회에서 만나는 사람 중에 나와 같은 레벨의 사람을 말한다. 甲^(갑)일간이 甲^(갑)과 寅^(인)을 봤을 때 같은 陽^(양)이므로 비견이라고 한다. 겁재는 비견과 같지만 음양이 다른 경우를 말한다. 甲^(갑)일간이 乙^(을)과 卯^(묘)를 봤을 때 음양이 다르므로 겁재라 한다. 겁재는 비견과 달리 재물을 겁탈하는 작용을 하므로 인해 재물에 손실이 있을 수가 있다.

식상은 식신과 상관으로 나누어지는데 이 또한 음양이 다른 경우를 말한다. 甲^(갑)일간이 丙^(병)과 巳^(사)중의 지장간 정기 丙^(병)이 같은 陽^(양)이므로 식신이 된다. 甲^(갑)일간이 丁^(정)과 午^(오)를 봤을 때 丁^(정)과 午^(오)중의 지장간 정기 丁^(정)이 陰^(음)이므로 상관이라고 한다. 子午^(자오)와 巳亥^(사해)는 지장간 정기로 육친을 표출하므로 이와 같이 된다. 식상은 재주를 말하고 베푸는 것을 말한다. 내가 베풀 수 있는 상대는 자식이다. 그래서 식상을 여자에는 자식으로 보는 것이다.

재성은 내가 극^(剋)하는 것이다. 옛날에는 남자가 여자를 자신의 소유물로 봤기에 마음대로 할 수 있는 존재로 봤다. 그래서 내가 극^(剋)하는 것을 재성이라고 한다. 甲^(갑)일간이 己^(기)와 丑未^(축미)

를 봤을 때, 甲^(갑)은 陽^(양)인데 己^(기)와 丑未^(축미)는 陰^(음)이므로 정재가 된다. 甲^(갑)일간이 戊^(무)와 辰戌^(진술)을 봤을 때, 甲^(갑)이 陽^(양)이므로 戊^(무)와 辰戌^(진술) 또한 陽^(양)이니 편재가 된다.

관성은 내가 극^(剋)을 당하는 것이다. 내가 극^(剋)을 당한다는 것은 어떤 힘에 의해 어떻게 할 수 없다는 뜻이다. 옛날에는 그런 힘을 가진 존재가 관청이다. 그리고 남편이다. 그래서 내가 극^(剋)을 당하는 것을 관성이라고 하는 것이다. 甲^(갑)일간이 辛^(신)과 酉^(유)를 보면 음양이 틀리므로 정관이 된다. 甲^(갑)은 陽^(양)이고 辛^(신)과 酉^(유)는 陰^(음)이기 때문이다. 반대로 甲^(갑)일간이 같은 陽^(양)인 庚^(경)과 申^(신)을 봤다면 편관이 되는 것이다.

인성은 나에게 한 없이 베풀어주는 존재다. 어머니는 자식에게 조건 없는 사랑을 준다. 나를 도와주는 존재가 인성이 되는 것이다. 甲^(일간)이 陰^(음)인 癸^(계)와 子^(자)를 만났을 때 癸^(계)와 子^(자)는 음양이 틀리므로 정인이 된다. 甲^(일간)이 壬^(임)과 亥^(해)를 보면 같은 陽^(양)이 되므로 음양이 같아진다. 그러므로 壬^(임)과 亥^(해)는 편인이 된다. 甲^(갑)일간을 기준으로 하여 육친을 표출해보았다. 다른 일간도 이와 같이 표출하면 된다. 이러한 오행의 법칙 속에 육친이 정해져 있는 것이다.

여자 사주에 식상이 많이 있으면, 식상은 관성을 극하기 때문에 남편복이 없다. '자식 낳고 나서 남편과 이별을 할 수가 있다' 등으로 해석을 할 수가 있다. 금(金)일간*일 경우 식상을 水(수)라는 오행을 쓰므로 관성은 火(화)가 된다. 火(화)는 불이다. 식상이 많다 함은 물이 많다는 뜻이다. 많은 물에 불이 꺼지므로 남편이 좋을 수가 없는 것이다. 식상이 어느 정도로 균형있게 있을 경우에는 오히려 자식을 낳고 발전을 하는 경우가 있다. 어떤 것이든지 과한 것이 문제가 된다.

솜씨가 좋다는 것은 식상이 발달 되어 있다는 것이다. 이것을 거꾸로 유추하면 솜씨, 즉 재주가 뛰어나니 놀지 못하고 스스로 벌어먹고 살아야 하는 경우가 생길 수도 있다. 남편이 벌어다 주는 돈으로 전업주부로 살고 싶지만 재주가 뛰어나다보니 여기저기서 인정을 받을 수가 있다. 그러므로 전업주부보다 오히려 사회에서 재능을 인정받아 성공하는 사례도 많다. 흔히 여자들은 남편이 벌어다 주는 돈으로 안정적으로 사는 가정주부를 원하지만 시대가 바뀌어 스스로를 개발하고 성공시키려는 여성들이 많아졌

---

* 金日干 : 庚辛

다. 이 시대에는 식상이 발달해야하지만 이러한 성공도 할 수가 있는 것이다. 그러므로 사주를 볼 때는 한쪽면만 볼 것이 아니라 시대상도 함께 보고 해석을 해야 한다.

 태어난 일의 천간이 일간이 된다는 것은 앞서 설명한 바가 있다. 일간을 기준으로 상생 상극으로 육친을 표출하면 되는데 위의 설명을 봐도 어렵다면 아래에 육친을 참고해서 보면 된다. 사주를 처음 접해도 누구나가 이 〈표〉를 보고 육친을 찾을 수 있도록 했다.

 나 또한 육친 공부를 했지만 몇 년을 육친 표출이 되지 않았다. 그래서 〈표〉를 만들어서 보고 육친을 표출했었다. 모르는 것은 부끄러운 것이 아니다. 알기 위한 전 단계 일뿐이다. 육친 표를 들고 사주를 봐 주었을 때도 부끄럽지 않았다. 체면을 생각하는 사람 중에는 이것이 창피해서 육친 표출을 제대로 못하면서도 아닌 척하는 경우도 봤다. 그럴 필요가 전혀 없다. 자꾸 보다보면 어느 순간 육친이 저절로 익혀지기 때문이다.

 아래 〈표〉를 보고 육친 표출하는데 도움이 되었으면 한다. 이 〈표〉가 불편하면 본인 스타일에 맞게끔 만들어도 무방하다. 자기 스타일이 최고의 방법이기 때문이다.

〈표〉 육친

천간 지지 일간	甲 寅	乙 卯	丙 巳	丁 午	戊 辰 戌	己 丑 未	庚 申	辛 酉	壬 亥	癸 子
甲 일간	비견	겁재	식신	상관	편재	정재	편관	정관	편인	정인
乙 일간	겁재	비견	상관	식신	정재	편재	정관	편관	정인	편인
丙 일간	편인	정인	비견	겁재	식신	상관	편재	정재	편관	정관
丁 일간	정인	편인	겁재	비견	상관	식신	정재	편재	정관	편관
戊 일간	편관	정관	편인	정인	비견	겁재	식신	상관	편재	정재
己 일간	정관	편관	정인	편인	겁재	비견	상관	식신	정재	편재
庚 일간	편재	정재	편관	정관	편인	정인	비견	겁재	식신	상관
辛 일간	정재	편재	정관	편관	정인	편인	겁재	비견	상관	식신
壬 일간	식신	상관	편재	정재	편관	정관	편인	정인	비견	겁재
癸 일간	상관	식신	정재	편재	정관	편관	정인	편인	겁재	비견

위의 〈표〉를 보고 만세력으로 사주를 뽑은 후 일간을 알아낸 다음 나의 사주에 어떤 육친이 있는지 보면 쉽게 알 수가 있을 것이다. 위의 〈표〉 대로 육친을 사주에 대입해서 적어보면 다음과 같다

時	日	月	年
戊	戊	壬	戊
午	寅	戌	戌
비견	일간	편재	비견
정인	편관	비견	비견

이 사주를 가지고 육친을 표출하면 이와 같이 된다. 이 사주에는 비견이 아주 많은 경우가 되는 것이다. '비견'이라함은 나와 같은 동기이므로 친구 형제가 된다. 많은 것은 없는 것과 같기에 형제나 친구들에게 도움을 받을 수가 없다고 보기도 하고 동업을 해서도 안 된다고 볼 수가 있다. 그러나 비견은 같은 친구이므로 따르는 자는 많을 수가 있는 것이다.

이 육친이 운에서 들어올 때 어떠한 일이 일어나는지는 3장 '한 해의 운을 알아보는 법'에서 다루기로 한다.

4

'강한 사주' '약한 사주'를
아는 법

사주를 상담하다보면 본인 사주가 '강한 사주'인지, '약한 사주'인지를 궁금해 하는 경우가 많다. 어떤 분들은 여기저기 사주를 보고 와서 "제 사주는 강한 사주라고 하던데요?"라며 질문을 한다. 어떤 사주가 강하고 약한지를 제대로 알지 못한 채 들은 이야기로만 본인 사주는 '강해서 기가 세다'라고 단정해 버리는 경우를 많이 봤다.

사주를 처음 공부할 때 신강(身強)과 신약(身弱)은 필수다. 그러나 신강한지 신약한지를 안다는 것이 참 어렵다. 사주를 자주 보다보면 알 수가 있지만 처음 공부할 때는 사주팔자 여덟 글자 속 한자(漢字)조차도 생소하니 말이다. 어느 정도 공부가 되면 사주의 신강 신약은 잘 보지 않는다. 신강해서 좋고 신약해서 나쁜 것도 아니다. 단지 사주를 추론하기 위한 과정일 뿐이다. 그 추론은 '격국'과 '용신'을 정하기 위한 것이다.

사람에게도 이름이 있듯이 사주팔자에도 이름이 있다. 그것이 격국이다. 정관격 · 편관(칠살)격 · 정재격 · 편재격 · 정인격 · 식신격 · 상관격 · 편인격 · 건록격 · 양인격 등 열 개의 이름이 있다. 이 격에 대해서는 이 책에서는 논하지 않는다. 이 책은 누구나 쉽게 읽을 수 있게 쓰는 것이 목적이기 때문이다. 사주를 더 공부하고 싶으면 격국을 공부하면 된다. 여기서는 이런 것이 있다 정도로만 알아뒀으면 한다.

사주가 신강한지 신약한지를 알려면 우선 득령 · 득지 · 득세를 알아야한다. 먼저 득령(得令)에 대해서 알아보면 앞서 설명한 오행, 즉 목화토금수(木火土金水)의 일간이 왕상휴수사(旺相休囚死)에 의해서 그 계절을 얻는 것을 득령*이라고 한다. 일간에게 월이 비견 겁재면 신강이 되고, 일간에게 월이 인수 편인이면 신왕이 된다. 여기서 왕상휴수사란? 목화토금수의 오행에 대해서 앞서 설명한 것이 있을 것이다. 그 오행이 어느 계절에서 흥하는지 쇠하는지를 말

---

* 일간이 월지와 같은 계절이 되면 기운을 얻었다 해서 '득령'했다고 한다.

하는 것이다. 만약에 여름에는 열기가 가득해지니 화$^{(火)}$의 기운이 왕$^{(旺)}$해지는 것과 같다.

〈표〉 왕상휴수사(旺相休囚死) 조견표

계절월지 ＼ 오행	목(甲乙) 일간	화(丙丁) 일간	토(戊己) 일간	금(庚辛) 일간	수(壬癸) 일간
봄(春) 寅卯	왕(旺)	상(相)	사(死)	수(囚)	휴(休)
여름(夏) 巳午	휴(休)	왕(旺)	상(相)	사(死)	수(囚)
가을(秋) 申酉	사(死)	수(囚)	휴(休)	왕(旺)	상(相)
겨울(冬) 亥子	상(相)	사(死)	수(囚)	휴(休)	왕(旺)
사계(四季) 辰戌丑未	수(囚)	휴(休)	왕(旺)	상(相)	사(死)

사계$^{(四季)}$는 진술축미$^{(辰戌丑未)}$ 월을 말하는 것으로 봄의 끝$^{(辰)}$, 여름의 끝$^{(未)}$, 가을의 끝$^{(戌)}$, 겨울의 끝$^{(丑)}$을 뜻한다.

왕$^{(旺)}$은 태어난 월이 일간과 같은 것을 말하니 비견 겁재가 되고, 상$^{(相)}$은 태어난 월이 일간을 생해주는 것이니 인성*을 말한다.

휴$^{(休)}$는 일간이 태어난 월을 생해주는 것이 되니 식상이 되며,

---

* 정인, 편인

수(囚)는 일간이 태어난 월을 극하니 재성이 된다. 사(死)는 태어난 월이 일간을 극하니 관성이 된다. 이것을 토대로 보면 월지에 비견, 겁재와 인성이 있으면 왕상(旺相)한 것이 되고, 월지에 식상 재성 관성이 있으면 휴수사(休囚死)가 되니 계절을 얻지 못했다고 보면 된다. 득령을 아는 방법은 이것이다. 계절을 얻었는지, 얻지 못했는지를 보는 것이다.

왕상휴수사(旺相休囚死)는 오행의 흐름이다. 오행이 계절을 얻어서 왕(旺)해지는 것이고, 오행이 계절의 도움을 받는 것을 상(相)이라고 하며, 오행이 계절의 기운을 받아 휴식을 취하는 것을 휴(休)라 한다.

휴식을 취하고 나면 거두어 들여야 한다. 그것을 수(囚)라 한다. 거두고 난 후에는 새로운 시작을 위해 죽음을 맞이한다. 그것을 사(死)라고 한다. 왕 해지고, 서로 돕고, 휴식을 취하고, 거두어 들이고, 죽는 다섯 단계가 '왕상휴수사'인 것이다.

예 득령을 한 경우(계절을 얻은 경우)			
시	일	월	년
甲	壬	己	辛
辰	寅	亥	亥

위의 사주를 보면 월지에 亥^(해)수가 있다. 일간은 임^(壬)수일간이다. 임^(壬)수일간에게 亥^(해)수는 비견이다. 앞의 〈표〉를 보면 亥子월은 겨울이니 水^(수)일간에서 보면 旺^(왕)으로 나온다. 그러니 위의 사주는 득령을 한 것이다.

예 득령을 하지 못한 경우(계절을 얻지 못한 경우)

시	일	월	년
己	丁	癸	己
酉	酉	酉	酉

위의 사주를 보면 월지 유^(酉)금이다. 일간은 정^(丁)화 일간이다. 정^(丁)화 일간에게 유^(酉)금은 재성이다. 앞의 〈표〉를 보면 申酉^(신유)월은 가을이니 火^(화)일간에서 보면 수^(囚)다. 일간이 월지를 극하므로 득령을 하지 못했다고 보는 것이다.

득령을 한 경우에는 계절을 얻은 일간이 강해지는 것이다. 반면 득령을 하지 못하였다면 일간이 계절을 얻지 못한 것이 되므로 약해지는 것이다.

사주가 신강한지 신약한지를 득령으로 알아봤다면 이번에는 득지를 알아야 한다. 得地^(득지)를 알려면 지장간을 알아야한다. 일

간과 같은 오행이 지장간 속에 있으면 '득지 했다'라고 한다. 일간
과 같은 오행이 지장간에 있으면 '뿌리가 있다' 하여 일간을 튼튼
하게 보는 것이다. 득지를 하면 일간이 강해지니 신강하게 된다.
반면 득지를 하지 못하면 일간의 뿌리가 없으므로 신약하게 된다.

〈표〉 지장간

지지	子	丑	寅	卯	辰	巳	午	未	申	酉	戌	亥
지 장 간	壬 癸	癸 辛 己	戊 丙 甲	甲 乙	乙 癸 戊	戊 庚 丙	丙 己 丁	丁 乙 己	戊 壬 庚	庚 辛	辛 丁 戊	戊 甲 壬

〈표〉 사주 (예시1)

	시	일	월	년
천 간	癸	丙	壬	壬
지 지	巳	寅	子	戌
지장간	戊 庚 丙	戊 丙 甲	壬 癸	辛 丁 戊

위의 사주를 보면 붉은 색으로 적혀 있는 것이 지장간이다. 첨
부한 〈표〉를 참고해서 지장간을 보면 된다. 자꾸 쓰다보면 저절로
지장간이 외워지니 조급해 할 필요가 없다. 처음부터 외우려고 하
면 스트레스만 쌓인다. 〈표〉를 보고 자꾸 찾다보면 저절로 외워지

니 천천히 시작하면 된다.

앞의 사주(예시1)는 병(丙)화 일간이다. 같은 화(火)의 기운이 지장간 속에 있는지 살펴보면 되는데 화(火)는 천간의 오행으로 병(丙)화와 정(丁)화가 있다. 앞의 사주 지장간을 보면 연지의 술(戌)토 속에 정(丁)화가 있고 일지 인(寅)목 속에 병(丙)화가 들어 있고 시지의 사(巳)화 속에 또한 병(丙)화가 들어있다. 총 세 개나 들어 있으니 득지했다고 볼 수가 있다. 한 개만 있어도 득지했다고 보면 된다.

다른 사주도 이렇게 적어 놓고 보면 득령과 득지를 알 수 있으니 차근차근 해보는 것이 좋다. 득지한 것을 뿌리 근자와 있을 유자를 써서 有根(유근)이라고 한다. 뿌리가 있다는 말이다. 뿌리가 있으면 튼튼하다. 없으면 무너진다. 그러므로 뿌리가 있으니 신강한 것이고 뿌리가 없으면 신약한 것이 된다.

이제는 득세를 알아봐야한다. 세력을 얻는 것을 득세라고 한다. 얻을 득(得)에 무리 세(勢)자를 쓴 것이다. 득세는 일간과 월지를 제외하고 '나를 돕는 오행'과 '나와 같은 오행'이 사주팔자 여덟 글자에 많이 있을 경우에 득세, 즉 '세력을 얻었다'라고 한다.

나와 같은 오행은 비견과 겁재가 되고, 나를 돕는 오행은 편인과 정인이 된다. 사주에 비겁과 인성이 많을 경우에 '득세 했다'고 보는 것이다.

〈표〉 사주 (예시2)

	시	일	월	년
천간	甲	庚	癸	戊
육친	편재	나	상관	편인
지지	申	戌	亥	戌
육친	비견	편인	식신	편인

양력으로 2018년 11월 14일 오후 4시에 태어났다면 위의 사주 (예시2)가 된다. 일간 빼고 비견이 1개이고 편인이 3개이다. 이런 경우 '득세 했다'라고 본다. 나를 도와주는 세력이 많다는 뜻이다. 위의 사주는 득령은 하지 못했다. 그러나 득세 득지 했으므로 신약사주는 아니다.

사주가 강한지 약한지를 득령 · 득세 · 득지로 판단하면 된다. 사주가 강하면 덜어주고 약하면 보태주면서 하나의 완성체를 만드는 것이다.

사주가 강하다면 운에서 덜어주는 운, 즉 식상 · 관성 · 재성 운이 오면 삶이 편하다.

사주가 약하면 운에서 보태주는 운, 즉 인성과 비견 운이 오면 삶이 편하다. 그것을 용신이라고 한다. 용신은 이 책에서는 다루지 않는다. 용신 찾아 삼만리 해야 하기에 여기는 삼만리가 가능하지 않으므로 다루지 않을 것이다. 용신과 격국은 사주를 전문적으로 공부할 것 같으면 꼭 공부해야한다. 용신을 보지 않더라도 알고는 있어야 하기에 사주를 전문적으로 하고 싶다면 용신에 대한 공부를 해야 도움이 된다.

5

運

충과 형이란?

사주에서 충(沖)과 형(刑)이라는 것이 있다. 사주팔자를 분석할 때 자주 쓰인다. 상대방과의 인연을 볼 때도 충과 형은 중요하게 작용한다. 사주팔자 내에서 연월일시 어디에 충과 형이 있냐에 따라 부부관계, 자녀관계, 부모형제와의 관계, 시댁·처가와의 관계를 알 수 있다.

충은 천간과 지지로 볼 수가 있는데, 천간은 충이 아니라 극이라는 표현이 맞으므로 여기서는 지지의 충만 말하려고 한다. 십이지지가 있으면 7번째가 충이 된다. 子(자)가 있다면 子(자)를 시작으로 丑寅卯辰巳(축인묘진사)를 거쳐서 다음에 오는 午(오)가 子(자)와 충이 된다. 이런 식으로 충을 적어보면 다음과 같다

子午(자오) · 丑未(축미) · 寅申(인신) · 卯酉(묘유) · 辰戌(진술) · 巳亥(사해), 이렇게 여섯 개가 충이 된다. 사주팔자 안에서 연과 월이 충을 하게 되면 내 부모와 내 조상의 사이가 좋지 못하다. 그래서 조상을 모시지 않게 된다. 부모님과 할아버지와 할머니가 사이가 좋지 못해 모시지 않고 산다든지, 제사를 지내지 않는다든지 이런 식으로 볼 수가 있다.

월과 일이 충을 하게 되면 나와 부모 형제와의 관계가 좋지 않다. 일과 시가 충이 되면 부부관계가 좋지 못하든지 결혼이 늦게 된다. 자식을 출산 하게 되면, 자식과의 동거가 불안하게 되어 멀리 떨어져 지내는 세월을 겪어야 한다.

시는 시가와 처가가 된다. 따라서 시가와 처가와의 인연이 좋지 못해 트러블이 생길 수가 있다. 그리고 인연으로도 볼 수가 있다. 인연으로 만났을 때 상대방의 띠가 나의 일지와 충을 할 경우에 쉽게 결혼을 하기 보다는 우여곡절을 겪고 결혼을 하게 되는 과정을 거치게 된다. 나의 사주 월과 내가 결혼해야 할 상대의 띠가 충을 할 경우에는 부모님의 반대가 있게 된다. 월은 부모 궁이기 때문이다. 이것을 더 확장하면 월은 직장도 된다. 그렇다면 상대방의 띠가 월지를 충할 때 직장의 변동이 생길 수도 있다. "저 사람을 만나 직장을 그만두고 새로운 직장에 가게 되었어요"라고 말하는 사람들을 보면 주로 이런 경우에 속한다.

월주가 庚申^(경신)일 때 상대방의 띠가 호랑이띠, 즉 寅^(인)생일 경우에 寅申^(인신)충을 한다. 이럴 경우에 부모의 반대나 직장의 변동이 생길 수가 있고 월지는 집이 되니 없던 집이 생기기도 한다. 사주를 처음 접하고 충에 대해 공부할 때 충이 있으면 좋지 않은 것으로 알고 있었다. 매사 어그러지고 하는 일이 잘 되지 않고 트러블이 나는 걸로 알고 있었다. 그렇게 되는 이유에 대해서는 그냥 충이라서 그런 줄 알았다. 해가 거듭하면 할수록 충에 대해 다른 시각을 가질 수가 있었다. 선생님들께서 설명하셔도 잘 몰랐는데 다시 되새겨 보면 중요한 것을 가르쳐 주셨는데도 생각이 짧아서 이해를 못했던 것이다. 이제는 충에 대해 조금은 알 것 같아 신년운세를 볼 때나 사주를 볼 때 그리고 궁합을 볼 때 잘 활용하고 있다.

충은 음양이 서로 화합하기 위한 과정에서 일어나는 일종의 트러블이다. 결과적으로는 충으로 인한 갈등을 겪고 난 뒤에는 오히려 비어 있던 것이 채워지는 결과를 만들어 낸다. 寅申^(인신)충만 봐도 알 수가 있다. 寅^(인)월은 입춘이다. 즉 봄이 들어오는 계절이다. 申^(신)월은 입추다. 봄과 가을이다. 봄에 씨를 뿌려 가을에 곡식을 거둔다. 봄에 씨를 뿌리지 않으면 가을에 거둘 곡식이 없다. 그렇다면 寅(인)과 申(신)이 만나는 것은 결실이 있게 되니 나쁜 것이 아니다. 단지, 그 결실을 거두는 과정에서 한여름의 더위를 견뎌내야 하므로 힘들 수는 있다. 그러나 그 과정을 거치고 나면 결실이라는 알찬 열매를 맺을 수가 있으므로 충을 나쁘게만 봐서는 안 된다.

비우기 위한 과정

사주를 처음 공부할 때 주의할 것이 있다. 충이 있으면 무조건 좋지 않은 것으로 봐서는 안된다. 충이 되는 해가 오면 문제가 일어나서 좋지 않다고 생각을 할 수가 있는데, 충이라는 것은 있는 것은 덜어내고 없는 것은 채워 주는 것이니 내 욕심에 의해 채워져 있다면 새로운 한 해가 시작되기 전에 덜어 내면 된다. 덜어 낸다는 것은 욕심을 버리면 된다는 뜻이다. 비워있는 것은 채워주고 채워져 있는 것은 비워야 다시 채워지므로 비우기 위한 과정을 충이 보여 주고 있는 것이다. 일지가 충 되는 해에 미혼 남녀는 배우자 자리가 비워 있으니 빈자리를 채워주므로 인해 결혼 운이 열리게 된다. 그러나 결혼을 한 남녀는 배우자 자리가 이미 채워져 있으니, 배우자 자리에 충이 오므로 인해 이별을 할 수가 있는 것이다. 기혼 남녀에게 충의 해가 온다고 해서 이혼을 하는 것은 아니다. 서로의 의견이 다르고 하는 행동이나 언어에 있어서 못마땅함의 연속이 되다보니 다른 때보다 부부싸움이 잦아 질 수가 있는 것이다. 이것을 잘 극복하면, 즉 나의 욕심을 덜어 내버리면 이혼을 하지 않고 오히려 그런 과정 속에서 서로를 더 이해하는 계기가 될 수가 있다. 그러나 나의 욕심을 덜어내지 못하고 배우자에게 나의 욕심대로 하기를 바라게 되면 이혼을 하게 되는 경우도 있다. 신수를 봐 줄 때 결혼을 한 남녀에게 충의 운이 오면 항상 다음과 같은 조언을 해 준다.

"올해는 남편의 모습이 마음에 안 들고, 남편으로 인해 많은 스트레스를 받게 될 겁니다. 하는 짓이 밉게 보이더라도 올해 운이 그렇구나 생각하고 넘어가야지 그렇지 않으면 부부사이가 아주 나빠져서 안 좋은 쪽으로 갈 수가 있습니다."

그렇게 충이 오는 해를 보낸 상담자는 역시나 그 해에 남편과의 불화를 겪으면서 '내가 이해하지 않으면 안 된다고 했지…'라고 되새기며 그 과정을 무사히 넘겼다고 한다.

사주팔자를 알게 되면 삶을 바라보는 시선이 달라진다. 불평불만으로 살아왔다면 '왜 그런지'를 알게 되니 자연스럽게 그것을 받아들인다. 서로가 상대방을 이해하려고 노력도 하게 된다.

특히 부부관계는 부부만이 아는 일이다. 남은 모른다. 한 여성은 남편에 대해 불만이 많았다. 남에게 보여 지는 남편의 모습과 아내만이 아는 남편의 모습이 있다. 타인은 남에게 보여 지는 모습만 보고 남편에게 불만이 많은 여성을 평가한다. "저런 남편이 어디 있다고 배가 불렀네." 이런 식으로 말을 한다. 하지만 그 여성은 배가 불러서도 아니다. 누구나가 알지 못하는 부부만의 벽이 있다. 그 벽을 허물지 못해 불만이 생기는데 그것을 남 보기에 좋은 남편으로 비추어 진다고 해서 그 여성을 욕해서는 안 된다.

심리학에서도 '공감' 이라는 용어가 나온다. 누군가가 하소연 할 때는 잘 잘못을 따져서는 안 된다. 공감을 해주면 된다. 그러나 잘못된 생각을 하는 사람들은 공감을 해주면 더 남편을 싫어하고, 남편에 대해 불만을 가질까봐 평가를 해 주려고 한다. 이런 부분에서 상대방과의 신뢰가 깨어져 버려 10년 지기 친구라도 등을 돌려 버리는 것이다.

충의 운이 오면 일단 움직임이 있게 된다. 연지를 충 하는 운이 오면 사회적인 일이 일어나고 월지를 충 하는 운이 오면, 월지는 부모와 직업 집을 나타내므로 이와 관련된 일이 일어나서 움직임이 있게 된다. 일지는 배우자궁이니 배우자와 관련되어 떨어져 있든 사람은 만나게 되고 같이 있던 부부는 주말 부부가 되어 잠시 떨어져서 지내게 된다.

자식궁인 시지가 충 하는 운이 오면 군대에 갈 나이가 되면 입대를 하거나 유학을 가게 된다. 부모님께 잠시 맡겨 둔 자녀가 있다면 다시 데려오든지, 아니면 일 때문에 자녀를 타인에게 맡기는 일이 생길 수가 있다. 충이 오면 일단 연월일시 어디를 충 하는 지를 보고 변화를 읽어 내면 그 해 어디에 변화가 생기는지를 알 수가 있다.

역마가 충 할 경우에는 교통사고를 조심해야한다. 역마는 2장 殺(살) 이야기에 기재되어 있으니 어떤 것이 역마인지 보면 알 수 있다. 그것을 참고 해서 역마가 충 할 때에는 각별히 운전에 신경 써야 한다.

시	일	월	년
丁	乙	癸	癸
丑	丑	亥	丑

위의 사주는 남성의 사주다. 이 사주의 주인공은 2013년 癸巳

좋은 운을 부르는 방법

^(계사)년에 월지가 巳亥^(사해) 충해서 직장의 변동이 있었다. 부산에 거주하고 있었는데 서울로 발령이 나서 그곳에서 생활을 하게 되었다. 이 경우가 충으로 인해 월지의 움직임이 있은 경우다. 그러고 나서 2015년 乙未^(을미)년에 일지 배우자궁이 丑未^(축미) 충으로 움직임이 있으니 서울에서 3년 동안 근무하다가 다시 부산으로 오게 되었다.

여기서 궁금한 점이 있을 것이다. 부부가 다 같이 충이 되어야 할까? 그렇지는 않다. 한쪽만 그러한 운이 와도 부부자리의 변동은 있게 된다. 그 원인은 충 하는 운이 있는 사람이 원인이 되는 것이다. 부부싸움을 할 때도 운에서 배우자궁을 충 하는 운이 있는 사람이 문제가 되어서 부부싸움이 되는 것이다. 모든 것은 내 탓인 것이다. 그걸 안다면 부부간에도 타인과의 관계에서도 자식과의 관계에서도 늘 양보하고 마음을 내려놓는 방법을 취한다면 아무리 안 좋은 운도 비껴 갈 수가 있을 것이다. 그걸 알기 위해 사주를 공부하는 것이다.

형^(刑)이란 것은 형벌을 뜻한다. 지지로만 형^(刑)이 이루어지는데 형^(刑)이 되는 운이 올 때 형벌을 받는다는 뜻이기도 하다. 몸에 형벌이 주어 질 경우에는 몸이 아플 수가 있다. 관성은 직장·명예인데 관성에 형벌이 주어 질 때는 직장 문제, 명예훼손 등 좋지 못한 일이 발생할 수가 있다.

인성은 문서다. 문서에 형(刑)이 붙어 온다는 것은 문서거래 시 문제가 생길 수도 있다. 인연으로 볼 때도 충의 인연은 서로가 화합이 되지만 형(刑)의 인연은 시끄러워 진다. 헤어질 때도 서로가 법적인 문제로 형벌을 가하듯이 불미스럽게 헤어진다. 살아가면서도 부부가 서로 형벌을 주듯이 정신적이든 육체적이든 상처를 심하게 준다. 그래서 형(刑)의 인연은 좋지가 못하다.

사주팔자에 형(刑)이 있는데 운에서 다시 형(刑)이 오면 시끄러운 문제가 발생한다. 관재수라고 들어봤을 것이다. 이러한 운에 잘 발생하게 된다. 그리고 건강상 문제가 생겨서 수술이나 입원 등 칼을 대는 일이 발생 할 수도 있다.

형(刑)은 수리, 수선 등도 된다. 월지에 형(刑)이 될 경우에는 집 수리를 해야 하는 경우도 생긴다. 도화살에 형(刑)이 함께 올 경우에는 성형수술을 할 수도 있는 것이다.

형(刑)을 형살(刑殺)이라고 하는데 형살에는 삼형살과 상형살 그리고 자형이 있다. 삼형살에는 丑戌未(축술미) 寅巳申(인사신)이 있고 상형살에는 子卯(자묘)형살이 있다. 자형은 辰辰(진진) 午午(오오)

酉酉^(유유) 亥亥^(해해)가 있다. 삼형살 같은 경우에는 세 개 중에 두 개만 있어도 형살이 이루어진다. 사주에 丑戌^(축술)만 있어도 형살의 작용은 있게 된다. 거기에 대운이나 세운에서 未^(미)가 올 경우에 삼형살이 완전히 이루어진다.

예 사주 예시_ 여성A

시	일	월	년
庚	庚	己	庚
辰	申	丑	戌

위의 사주에서 형살을 찾아보면 년과 월에 축술^(丑戌)이 있다. 축술미 삼형 살에서 未^(미)가 빠졌지만 세 개중에 두 개만 있어도 형살 작용은 있게 된다. 일간이 庚^(경)금이다. 庚^(경)금에서 축술^(丑戌)은 인성이다. 인성은 어머니를 뜻한다. 형살은 질병, 수술, 관재수 등을 말한다. 어머니에게 형벌이 주어졌으니 어머니가 질병으로 고생을 할 수가 있다.

월지는 부모 궁이다. 부모님 자리에 인성이 들어있는 가운데 그것이 축술^(丑戌)형을 하니 어머니가 암으로 인해 사망하셨다. 이 사주의 주인공이 태어날 때부터 작용이 되므로 이 사주의 어머니는 평생 질병을 앓게 된다. 그러나 형살이 이루어지는 육친이 오히려 남을 살리는 직업을 가지게 된다면 형살의 피해에서 벗어날 수가 있다. 의료계통이나 군인, 검사, 경찰 등의 직업을 가지게 되면 삼형살의 피해는 줄어 들 수가 있다.

子卯(자묘) 형살은 子(자)는 생식기를 말한다. 卯(묘) 또한 卵(알 란)을 뜻하므로 자묘형살이 있게 되면 생식기 쪽에 질병을 얻을 수가 있다. 여자일 경우에는 임신도 되므로 자묘형살이 있을 경우에 부인과 쪽의 질환을 조심해야한다. 사주에 子(자)가 있고 운에서 卯(묘)가 올 경우 사주에 卯(묘)가 있고 운에서 子(자)가 올 경우에 형살이 이루어진다.

사주에서 子(자)와 卯(묘)가 다 있을 경우에 운에서 子(자)나 卯(묘)가 올 경우에 해당 육친이나 본인의 건강에 문제가 생길 수가 있다. 辰辰(진진) 午午(오오) 酉酉(유유) 亥亥(해해)의 자형도 마찬가지다. 사주 내에 한 글자가 있고 운에서 올 때 작용을 하고 사주 내에 두 개의 글자가 다 있을 경우에 운에서 하나의 글자가 더 올 경우에 작용을 한다.

사주를 공부하는 이유는 앞으로 일어날 일을 대비하기 위해서이기도 하다. 2018년 무술년에는 축술(丑戌)형이 사주에 있는 가운데 또 술(戌)이 오니 축술(丑戌)형을 발동시키므로 건강이 좋지 않을 수가 있다. 그러므로 아플 수 있는 부위를 위해 미리 건강보조식품을 먹는다든지 하는 식으로 대비할 수가 있다.

축술(丑戌)은 土(토)다. 土(토)는 신체부위가 위장, 비장을 말한다. 무술년이 오면 이곳에 형벌이 주어지니 위가 안 좋을 수가 있다. 앞의 사주예시 여성A의 경우 연초에 미리 양배추 즙을 주문하여 계속 복용하면서 위를 보호하고 있다. 이렇게 미리 예측해서 건강을 지키기 위해 최소한의 노력을 하기도 한다.

사주공부의 좋은 점은 길한 것은 길하게 흉한 것은 미리 흉을 예방하는 것이다.

6

내 사주에는
어떤 살(殺)이 있을까?

사주팔자를 보다보면 백호대살, 역마살, 도화살 등 많은 殺(살)
에 대해서 한 번쯤은 들어 봤을 것이다.

백호대살이 사주에 있다면 흉하다 하여 안 좋게 말을 한다. 사
실 백호대살은 무서운 살이기는 하다. '호환마마'라는 말이 있듯이
호랑이로 인한 우환이 아주 무서운 것이었기에 백호대살을 흉사,
사고, 수술 등으로 해석한다. 한마디로 '피를 부르는 아주 무서운
살'로 해석이 되었다.

그런데 지금은 호랑이로 인한 흉은 없다. 지금은 호랑이를 뭐로
봐야할까? 자동차나 비행기 기차 등으로 봐야한다. 굴러다니는
흉기이기 때문이다. 교통사고로 죽는 경우도 많고 다치는 경우도

많기 때문에 사주에 백호대살이 있다든지, 백호대살 운이 올 때는 교통사고나 수술 등을 조심해야하는 운이라고 볼 수가 있다.

백호대살을 무서운 살이라고 하는데, 이것을 피하려면 백호대살과 같은 직업을 가지면 된다. 사람을 살리고 죽이는 직업을 가지면 그 흉이 자연스럽게 넘어가기 때문이다.

사람을 살리고 죽이는 직업을 '활인업'이라고 한다. 활인업에는 의사, 경찰, 군인 등이 있다. 이런 직업을 가지고 있다면 별 탈 없이 넘어갈 수가 있다. 하지만 사주를 감정하다보면 이런 직업을 가졌어도 매년 오는 세운^(연운)*에서 또 백호대살이 올 경우 작게는 구설수나 크게는 사고수가 있고 관재수도 있는 경우가 있었다.

백호대살에는 甲辰^(갑진) · 乙未^(을미) · 丙戌^(병술) · 丁丑^(정축) · 戊辰^(무진) · 壬戌^(임술) · 癸丑^(계축)이 있다. 내 사주에 이와 같은 글자가 있다면, 이들 글자의 세운^(년운)이 올 때 각별히 조심해야 한다.

'A'라는 여자 분이 있었다. 그 여자 분의 태어난 일이 乙未^(을미)

---

* 세운(연운) : 매년 오는 운

일이었다. 태어난 일을 사주에서는 일주라고 한다. 일주에 백호대살이 자리 잡고 있었는데 몸이 굉장히 허약했다. 그렇다보니 가정주부로써만 생활을 하고 있었다. 이럴 경우 세운에서 백호대살을 움직이게 할 경우 탈이 난다. 2006년 丙戌^(병술)년에 백내장 수술을 하고 2009년 己丑^(기축)년부터 허리디스크로 고생하다가 그 다음해 2010년 庚寅^(경인)년에 허리디스크로 수술을 하였다. 백호대살이 사주에 있다고 해서 모두 사고가 나고 수술하는 것은 아니다. 그러나 이 분 같은 경우에는 배우자가 乙未^(을미)생이다. 태어난 일과 배우자의 띠가 백호대살이다. 그렇다보니 백호대살의 凶^(흉)이 가중되었다고 볼 수가 있다.

이럴 경우, 그대로 나쁜 것을 받아들여야 할까? 우리가 사주를 공부하는 이유는 避凶趨吉^(피흉추길)* 하기 위해 공부하는 것이다. 백호대살의 흉함을 어떻게 피할 것인가? 백호운이 왔을 때 연 초에 피를 보면 된다. 그 방법 중에 하나가 점을 빼는 것이다. 우리 얼굴에는 안 좋은 점이 많이 있다. 미리 빼주는 것도 관상적으로도 좋을 수가 있기 때문에 꿩 먹고 알 먹기 일 수도 있다.

---

* 흉은 피하고 길함을 따른다는 뜻

좋은 운을 부르는 방법

그렇지 않다면 타인의 목숨을 살려주는 것이다. 타인의 목숨을 살려준다고 하니 아주 큰일을 하는 것으로 생각 할 수가 있는데, 쉽게 생각하면 남에게 먹는 것을 베푼다든지 어려운 이웃에게 도움을 주는 것으로 그 흉을 피할 수가 있는 것이다. 먹는다는 것은 인간에게 아주 중요한 일 중에 하나다. 먹지 못하면 죽는다. 그 점을 생각해서 불우이웃돕기 또는 봉사활동 등을 하는 식으로 남을 위해 그 해를 보낸다면 전화위복이 될 수가 있다.

무조건 나쁘게 작용한다고만 생각할 것이 아니라, 이것을 어떻게 극복할지를 아는 것도 우리에게 중요한 과제다.

'B'라는 여자 분은 2006년 丙戌(병술)년에 丙戌(병술)대운까지 겹쳐서 남편에게 관재수가 생겼었다. 그 일로 마음고생을 많이 했었다. 여기서 대운이란 무엇인가? 대운이라는 것은 10년마다 누구에게나 들어오는 운이다. 이 운이 어떤 대운이냐에 따라서 吉(길)하고 凶(흉)함을 알 수가 있다.

사람들에게 대운이 들어온다면 대부분이 첫 마디가 "그럼 언제 부자 되나요?" "저는 언제 대운이 오나요? 나도 대운이 오면 좋겠다"라고 대운을 '아주 크게 좋은 운'으로 생각을 하는 걸 볼 수가 있었다. 그럴 때마다 나의 입이 아플 정도로 말을 해준다. "대운은 누구에게나 10년에 한번 씩 들어오는 거예요. 대운이라고 해서 아주 좋은 큰 운을 말 하는 게 아닙니다"라고 말을 한다.

여기서 대운을 논하지 않았던 이유는, 대운을 분석하고 해석하기에는 오랜 시간 공부를 해야 하기 때문이다. 그러나 앞의 '사주 팔자 속 여덟 글자 알아보기' 내용만 가지고도 내 사주에 무엇이 있는지 정도는 알 수 있으므로 사주를 본격적으로 공부하게 될 때 도움이 될 것이라 본다.

만세력으로 가족의 사주를 뽑아보고 사주명식을 봤을 때 백호 대살이 있다면 좋은 쪽으로 쓸 수 있도록 삶의 안내자가 되어 보는 것은 어떨까? 아이의 사주에 백호대살이 있으면 의료 쪽이나 군·검경으로 갈 수 있도록 진로를 정해주는 것도 좋은 방법이다. 그러나 공부가 뒷받침 되어야 하니 이 또한 쉽지가 않을 것이다. 그럴 때는 남을 도와줄 수 있는 마음을 가진 아이로 성장할 수 있도록 돕는 것이다.

사주에는 식상이라는 육친이 있다. 이 식상은 베풀고 나누어 주는 것이다. 베풀고 나누어 주다보면 그것이 두 배가 되어 돌아온다. 이것이 음양이다. 내가 무엇을 줬는지에 따라 돌아오는 것이 다르다. 반드시 돌아온다. 남을 도와주는 마음을 가지고, 남을 도와주면 나중에 나를 도와주는 마음이 돌아오기 때문에 백호대살의 흉이 생겼을 때 분명 도와주는 이가 나타나기 때문이다.

　생활 속에서 얼마든지 좋은 기운을 끌어당길 수가 있다. 백호대살에 대해 읽어보고 나서 가족들 사주를 펼쳐놓고 고민을 안고 있는 사람도 있을 것이다. 고민할 필요가 없다. 백호대살이 있다는 것을 안다면 좋은 쪽으로 발현되도록 노력하면 된다. 노력은 않고 고민한다고 해결 되지는 않기 때문이다. 베풀면 된다. 타인에게 베풀지도 않고 욕심만 부리면 안 좋은 것을 그대로 맞이할 수가 있다. 고민이 있다면 해결책은 저절로 따라 오는 것이다. 그것이 바로 음양이다.

우두머리는 외롭다

殺(살)중에 괴강살이 있다. 이 괴강살은 아주 강하여서 여자가 괴강살일에 태어나면 팔자가 아주 세다고 본다. 魁罡(괴강)이라는 것은 북두칠성, 즉 별 중에서 가장 으뜸이라는 뜻이다. 어디에서나 우두머리는 외롭다. 그래서 괴강살을 외로움의 별이라고도 한다. 기질은 강하고 모든 사람을 제압하는 살이다 보니 극과 극의 모습을 보여주는 살이기도 하다. 사주가 좋으면 큰 인물이 되지만 그렇지가 못하면 힘든 삶을 살 수가 있다. 특히 여자가 괴강일에 태어나면 남편을 대신해서 생활전선에 뛰어들어야하는 경우도 있다. 괴강은 별 중에 으뜸이라 그런지 대체로 미인이 많다. 그렇다고 다 미인은 아니다.

괴강살에는 庚辰(경진) · 庚戌(경술) · 戊辰(무진) · 戊戌(무술) · 壬辰(임진) · 壬戌(임술), 이렇게 여섯 개가 있다.

'C' 라는 여자의 사주가 괴강일주였다. 괴강일주는 '미인이다'라는 것에 대해 편견을 깨준 여성이기도 하다. 庚戌(경술)일주였는데 가정주부가 아닌 늘 돈을 벌려고만 하는 삶을 살고 있었다. 남편은 남편대로 본인은 본인대로 이런 삶을 살면서 오로지 사회생활을 하며 돈을 버는 그 樂(낙)만 보고 살아가는 여자였다.

괴강의 특징 중에는 욱하는 성격이 있다. C는 그 모습을 그대로 보여주는 전형적인 괴강일주의 여자였다. 괴강은 별 중에 최고의 별이다. 그러므로 일은 최고로 잘하는 성향도 가지고 있다. 부지런하기도 하다. 괴강이라고 무조건 나쁜 것은 아니다. 이 또한 사주의 모든 것을 함께 보면서 판단해야 한다. 단편적으로는 이렇게 해석을 할 수가 있다는 것이다.

실제 C는 직장에서도 팀장을 맡아 열심히 일하는 사람이다. 극과 극의 성격이다 보니 자기가 싫으면 끝까지 싫어하고 좋으면 끝까지 좋아하는 그런 면도 함께 가지고 있다. 책임감 하나는 세계 최고일 것이다. 책임감이 강해서 몸이 아무리 아파도 직장에서의 일을 끝까지 마무리한다. 괴강일주 여성을 볼 때마다 왜소하지만 여장부라는 것을 부인 할 수가 없다. C 역시 여장부 기질이 아주 강하다. 남자로 태어났다면 아마 한자리 했을 것이다.

원망하는 것보다 떨어져 지내라

怨嗔殺(원진살)이라고 많이 들어 봤을 것이다. 특히 궁합을 볼 때 "원진살이 끼었다"라고 말하는 경우를 자주 들었을 것이다. 원진살은 서로 원망하는 살이다. 안보면 보고 싶고, 보면 미워지고 아주 환장할 만한 살이다. 이 살이 사주에 있으면 그 사주의 육친과 원망하게 되고 불화하게 된다. 예를 들어 태어난 일의 일지와 부모 형제의 자리인 월이 서로 원진살이면 좋지 않다. 부모 형제와 원망하는 관계가 형성이 되므로 서로 떨어져서 지내는 것이 좋다고 보기도 한다.

원진살에는 子未^(자미) · 丑午^(축오) · 寅酉^(인유) · 卯申^(묘신) · 辰亥^(진해) · 巳戌^(사술), 이렇게 여섯개가 있다. 사주 속에 있을 경우도 작용을 하지만 상대방의 띠가 나의 사주, 특히 태어난 일과 원진이 걸리면 그 상대방으로 인해 많은 스트레스를 받게 된다.

'A'라는 남성의 사주에 월지가 辰^(진)이고 년지가 亥^(해)이다. 辰亥^(진해)원진이 걸린다. 이 남성의 부모님은 조부모님과의 사이가 원만하지 않다. 그러나 어쩔 수 없이 조부모님과의 관계를 유지해야 하므로 억지로 관계를 맺고 있다. 원진이 그러한 작용을 한다.

직장상사와 이런 관계라면 정말 죽을 맛이다. 회사를 그만 둘 수도 다닐 수도 없는 이러지도 저러지도 못한다. 그대로 스트레스를 받아야 하는 지경이 될 수 있다. 특히 丑午^(축오)와 巳戌^(사술) 원진이 가장 영향력이 세다고 한다. 2018년 무술년에는 태어난 일에 巳^(사), 즉 뱀이 있으면 戌^(술)은 개이므로 뱀과 개가 원진에 걸렸으니 신경이 예민해지고 불평불만이 많아 질 수가 있다.

2019년은 己亥^(기해)년이다. 일지에 辰^(진)이 있으면 己亥^(기해)년에 辰亥^(진해)원진이 된다. 부부관계에 있어서 많은 스트레스가 있을 수 있다. 사주를 보고 만약에 내 사주에 그 해 원진이 걸리면 남편이나 아내를 바라보는 시선을 다르게 해야 한다. 양말을 뒤집어 벗어 던져 놓더라도 '참을 인^(忍)'을 머릿속에 그려가며 이해하려고 노력해야 한다. 막상 참아지지 않겠지만 노력을 하다보면 그 해가 편안해 질 수가 있다.

사주 원국에 원진이 있는 경우도 문제가 있겠지만 상대방과의 원진이 끼었을 때도 많은 문제가 됨을 상담을 통해 알 수가 있었다. 그럴 땐 어떤 조언을 해줘야하나 늘 과제처럼 남아있었다. 그렇다고 손 놓고 원진을 이대로 지켜 볼 것인가? 아니다. 원진을 푸는 방법도 분명 있을 것이다. 원인 있으면 그것을 푸는 방법은 있기 마련이다. 그래서 방법을 찾고 싶었다. 그 방법에 대해 나의 스승님이시고 30년 넘게 이 명리학을 연구하고 많은 사람들에게 도움을 주고 계시는 강용건 선생님께 여쭤봤다.

"선생님 원진을 푸는 방법도 있나요?"

"원진 푸는 방법은 뭔가 대가를 줘야 한다. 이건 내가 감정해보니 맞더라."

"선생님 원진이 들면 본인이 상대방에게 뭔가 대가를 줘야 문제가 없어지나요?"

"그렇지."

"그게 부부관계가 아니라 타인과의 관계에서도 그런가요?"

"남녀관계가 아니래도 마찬가지지."

"직원과 사장의 관계에서 원진이 들어 있을 경우에는 어떻게 해야 하나요?"

"그럴 경우 그 직원을 쓰려고 하면 뭔가 대가를 줘야하지."

"만약에 사장이 그럴 경우 직원은 어떻게 해야 하나요?"

"원진에도 巳戌(사술), 丑午(축오), 辰亥(진해) 등 있는데 이것을 동물의 관계로도 볼 수가 있다. 원진은 지나친 걱정에 따른 관심의 殺(살)이거든. 나쁘게 말해 집착살이라고 말할 수가 있다. 丑午(원진)은 말과 소잖아? 말과 소는 생각이 서로 다르거든. 말은 달리고 싶고 소는 천천히 가고 싶고. 이럴 때 사장이 말이고 소가 직원이면 사장이 열불 터지거든. 소는 느리잖아. 그리고 뭘 해줘도 되쉽잖아."

"선생님 지금이 그 상황입니다. 사장의 띠가 午(오) 말띠이고 직원의 태어난 일지에 丑(축) 소가 있다 보니 말띠 사장이 일지에 丑(축)을 가진 직원한테 사사건건 '느리다' 등등 트집을 잡는가보더라고요. 그렇다보니 직원은 말띠 사장이 잘해줘도 뭔가 다른 뜻이 있다고 생각하는 것 같았어요."

"원진이 걸리면 상대방에 대한 믿음이 없기 때문에 해줘도 다른 뜻이 있겠지 하고 혼자서 오해하고 생각을 한다. 이럴 때 해결책은 그 직원을 쓰려면 뭔가 줘야하고 안 쓸 것 같으면 내보내야 한

좋은 운을 부르는 방법

다. 답은 그것밖에 없다."

"그러면 선생님 직원 사주에 사장이 원진으로 들어오는데, 직원은 사장에게 줄 것이 없잖아요. 사장은 줄 것이 있지만 이럴 때 어떻게 해야 하나요?"

"직원은 사장에게 줄 것이 없으니 마음을 바꿔야하는데, 못 바꾸면 이리 말을 해줘야지. 사장님과 당신은 주파수가 다르니까 생각을 바꿀 수 없다면 회사를 떠나는 수밖에 그것이 최선의 선택이라고 말해줘야지."

"선생님 그럼 답이 없으니 어쩔 수 없는 거네요. 마음을 바꾸는 수밖에"

"원진은 동상이몽이거든 한 침대에서 꿈을 다르게 꾸는 거니 생각이 다른 거다. 예를 들어 네가 빵을 맛있게 구워 친구한테 줬는데 그때 마침 마카롱을 다른 사람이 너한테 선물 하는걸 그 친구가 보고 '선물로 받은 마카롱을 자기한테도 나눠 주겠지' 했는데 네가 안 준거야. 그러면 안 준 것에 대해 원망 하는 거, 그런 거라 보면 된다. 이게 골치 아프거든. 그럴 때는 관계를 끊는 수밖에 없다."

"정말 그럴 때 골치 아픈 것 같아요."

"내가 통계를 내보니 丑午(축오)원진이 제일 골치 아프더라. 辰亥(진해)*원진은 시간이 지나면 괜찮아지거든 돼지가 진흙탕에 빠졌으니 건지면 되니 괜찮아지거든. 巳戌^(사술)원진도 골 아프다. 뱀은 열기가 강하고 개는 열기에 헐떡거리니 개가 뱀을 좋아하겠나? 그러니 丑午^(축오), 巳戌^(사술)원진이 제일 골치 아프다. 이 둘의 공통점은 말로 상대방을 씹는다."

"했던 말 또 하고, 다음 날 만나도 또 그 이야기하고, 씹고 또 씹고, 맞는 것 같아요."

"원진도 새로 고찰해야한다. 丑^(축)이란 것은 밭고랑을 갈다가 또 갈려고 하는 것이다. '田' 밭전에서 옆에 'ㅣ' 이것만 없애면 소 축자가 된다. 소 축자는 믿음이 없다. 그래서 丑午^(축오)원진에 걸리면 상대방을 못 믿는 거야"

"전혀 상대방을 믿지 못하고 다른 뜻을 품고 한다는 식으로 말을 하더라고요."

"자기 잣대로 생각하는 게 원진이거든. 이 사주라는 것은 오행으로도 볼 수가 있고, 동물형상으로도 볼 수 있고, 육친으로 볼 수도 있고, 인자** 등으로 볼 수도 있기에 어떻게 보냐에 따라서 다르다. 子^(자)가 어떤 사람에게는 편재라 재물 문제로 방문해야하는데

---

* 辰(진)은 동물로는 용이고 물상으로는 진흙으로도 본다.
亥(해)은 돼지이므로 辰과亥를 볼 때 진흙탕에 뒹구는 또는 빠진 돼지로 볼 수 있다.
** 인자 : 십간십이지지의 고유의 뜻

좋은 운을 부르는 방법

실제 자식문제로 왔더라. 인자로 보면 子(자)는 자식문제가 되니 이렇게 어떻게 보냐에 따라서 다르기에 사주가 어려운 것이지."

위의 대화 내용을 보면 답은 딱 하나다. '마음을 내려 놓는 것.' 이것이 원진을 해결하는 가장 좋은 방법인 것이다. 하지만 우리들은 마음을 내려놓기 보다는 스스로를 옥죄어 가며 스트레스 받는다. 전혀 마음을 내려놓지 못하고 상대방을 원망하며 살아가고 있다. 그렇게 살면 원진살은 더욱 가중되어 스스로를 더 힘들게 한다. 안 좋은 운은 이렇게 극복하는 것이다. 특별난 것은 없다. '마음 내려놓기' 이것보다 좋은 부적은 없다.

십이신살에는 지살 · 년살(도화살) · 월살 · 장성살 · 화개살 · 역마살 · 육해살 · 겁살 · 재살 · 천살 · 망신살 · 반안살, 이렇게 12개의 殺(살)이 있다. 십이신살은 태어난 연지를 기준으로 뽑아야한다. 십이신살 중 몇 개만 여기서 소개하고자 한다.

차를 운전하려면 시동부터 켜라

흔히 많이 쓰는 것 중에 驛馬殺(역마살)이 있다. 이 역마살은 분주다사하다. 여기저기 다니기 바쁘다. 달리는 말이므로 역마가 사주에서 刑冲^(형충)을 당할 경우 교통사고 등 안 좋은 일이 일어날 수가 있다. 돌아다니다 사고가 나는 것이다. 세운[*]에서 역마살이 들어 올 경우 나들이 갈 일도 생기고 멀리 여행 갈 일도 생긴다. 역마는 또 소문도 되니 운이 좋게 들어오면 여기저기 좋은 소문이 돈다. 운이 좋지 못하면 나쁜 소문이 돌 수도 있다.

차를 운전하려면 제일 먼저 시동을 켜야 한다. 그러므로 역마를 어떠한 일을 할 때의 시발점 또는 시동으로도 본다. 그러므로 역마가 한 해의 운에 들어올 때 새로운 일을 하기 위해 시동을 거는 일도 생길 수가 있는 것이다.

사주에 역마가 있다고 해서 한 곳에 못 있고 여기저기 돌아다닌다고 보기 보다는 소문이 나든지, 여행을 가든지, 몸이 바쁘다든지 등으로 보는 것이 신수 볼 때는 유용하게 작용한다.

寅午戌(호랑이, 말, 개)은 申(신)이 역마다.
亥卯未(돼지, 토끼, 양)은 巳(사)가 역마다.
巳酉丑(뱀, 닭, 소)는 亥(해)가 역마다.
申子辰(원숭이, 쥐, 용)은 寅(인)이 역마다.

이렇게 띠별로 역마를 볼 수가 있다. 이것을 토대로 사주 속에 역마살이 있는지 없는지 알 수가 있고 운에서 들어올 때도 그 해가 역마의 해인지 아닌지를 알 수가 있다. 2019년은 己亥(기해)년이다. 뱀띠 닭띠 소띠의 역마해가 되는 것이다.

2016년 丙申(병신)년 개띠에게는 역마해가 된다. 庚(경)금 일간**에게는 申(신)금이 비견이고 역마가 되므로 나와 같은 동기 친구로 인해 내가 소문이 나는 해가 되기도 한다.

따르릉 따르릉 전화 벨 소리가 丙申(병신)년 요란하게 울린다.

"여보세요."

"안녕하세요? 친구 소개로 전화 드렸는데 상담 가능한가요?"

"어디신가요?"

"거제도입니다."

역마는 멀리까지 소문이 나는 것이기에 부산이지만 거제도까지 소문이 나서 연락이 오게 되는 것이다. 丙申(병신)년 여기저기서 소문을 듣고 연락이 오는 것을 보니 역마를 무조건 나쁘게 보는

---

* 매년 오는 운

**일간 : 태어난 일의 천간

것 보다 '소문이 난다.' '소식이 온다.' 등으로 봐도 무방하다. 오히려 신수를 봐 줄 때 바쁘게 움직일 일이 많다, 예를 들어 申(신)금이 관성이라면 남편이 멀리 출장 갈 일이 생긴다든지 직장에서 승진을 해서 소문이 날 일이 생길 수 있다고 통변할 수도 있다.

나쁜 쪽으로는 남편의 소문이 나쁘게 돌아서 구설에 휘말릴 수가 있다고 볼 수가 있다.

이성에게 인기가 많은 살

桃花殺(도화살)에서 桃花(도화)라는 것은 복숭아꽃을 말한다. 복숭아꽃은 붉고 예쁘다. 그래서 도화가 사주에 있으면 미남미녀가 대체로 많다. 그리고 이성에게 인기도 많은 살 중에 하나다.

이성에게 인기가 많다는 것은 이성으로 인해 낭패를 볼 일도 많다는 뜻이기도 하다. 그래서 桃花殺(도화살)이 여자사주에 있으면 옛날 사람들은 며느리 감으로는 안 좋다고 생각했었다. 이제는 시대가 바뀌어서 도화살이 사주에 있어야 인기를 먹고 사는 직업에서는 좋은 역할을 한다. 연예인들에게도 도화살이 있어야 인기를 끌 수가 있다. 유교사상에서는 있을 수 없지만 현 시대에서는 도화살 하나 쯤 있는 것은 나쁘지 않다.

도화살이 있는 사람은 본인을 더 잘 꾸미고 치장할 수도 있다. 글을 쓰는 작가에게도 도화살이 있다면 좋다. 글을 잘 꾸미니 좋은 작품을 만들 수가 있다.

도화살이 무조건 나쁜 것은 아니다. 도화살이 필요한 사람에게는 중요한 살이기도 하다. 그러나 결혼한 여자나 남자에게 도화의 운이 온다면 바람이 날 수도 있으니 조심해야한다. 한마디로 불륜을 저지를 수 있는 여건이 마련될 수도 있기 때문이다. 도화살 운에는 자신을 꾸미고 치장하다보니 아무래도 주변의 시선을 받을 수가 있다. 그럼 자연스럽게 안 좋은 일에 휘말릴 수도 있는 것이다.

결혼한 부부사이에 도화살 운이 들어온다면 그 해에는 집을 수리한다든지 꾸며보는 것도 이 도화살 예방에 도움이 될 수 있을 것이다. 이러한 운이 운에서 들어온다 해서 다 그런 것은 아니지만 그런 상황에 노출이 될 수 있는 환경이 마련되는 것은 맞다. 미리 알고 대처하는 것도 현명한 방법 중에 하나다. 桃花殺(도화살)을 다른 말로는 年殺(년살)이라고도 한다.

寅午戌(호랑이, 말, 개)은 卯(묘)가 도화살이다.
亥卯未(돼지, 토끼, 양)은 子(자)가 도화살이다.
巳酉丑(뱀, 닭, 소)는 午(오)가 도화살이다.
申子辰(원숭이, 쥐, 용)은 酉(유)가 도화살이다.

내 가족의 사주에 도화살이 있다면 꾸미고 치장하고 하는 것에 너무 나무라지 말아야한다. 사주 속 모습대로 행동하는 것이니 말이다. 그것을 못마땅하게 생각하게 되면 서로 대립하게 되고 힘들어지니 사주를 알고 내 가족을 이해하면 훨씬 가족관계가 좋아질 수가 있다.

남편 또는 부인이 운에서 도화살이 온다면 예방하면 되니 위에 적혀 있는 것처럼 집을 수리해본다든지 꾸며본다든지 말 한마디라도 사랑을 듬뿍 담아 해준다면 무난히 그 시기를 넘길 수가 있을 것이다. 그래서 사주를 알아두면 유용하게 쓰일 수가 있다.

빼앗기는 살

劫殺(겁살)은 빼앗기는 살이다. 그래서 겁살 운이 오면 빼앗기는 일이 있을 수가 있다. 여자는 관성이 겁살로 올 때 남자를 조심해야 한다. 나의 것을 빼앗길 수가 있기 때문이다. 관성*은 남편도 되고 남편 외 남성이기도 하며 직장이 되기도 한다. 관성에 겁살이 붙었을 때 직장인일 경우 승진을 앞두고 있는 상태라면 타인에게 그 자리를 빼앗길 수도 있다. 또한 겁살은 빼앗기기도 하지만 뺏기도 하는 것이 때문에 남의 것을 뺏을 수도 있는 운이기도 하다. 그러나 실제로 신수를 봐주다 보면 대부분 뺏기 보다는 빼앗기는 경우가 많았다. 특히 겁살은 압류를 당하는 경우도 있기에 월주에 겁살이 신수에서 들어올 때는 차압을 당하는 경우도 있었다. 월주는 집이기 때문이다. 집이 재건축 재개발이 되어야 할 경우 겁살운에 가능할 수도 있다.

식신운이 올 때 겁살을 달고 오면 내 밥그릇을 빼앗길 수가 있다. 식신이니 관성이니 하는 말은 사주팔자 속 여덟 글자에 설명되어 있으니 그것을 참고 하여 보면 된다. 식신 또한 관성과 마찬가지로 겁살운이라면 직장인은 내 자리를 빼앗길 수가 있고 나의 공을 다른 사람이 가져갈 수도 있는 운이 되는 것이다. 상관**은 기술성이다. 상관에 겁살이 붙으면 나의 기술을 타인에게 빼앗

---

* 관성 : 정관과 편관

길 수 있으니 노하우를 절대 공개 하지 않아야 한다. 재성***은 남자에게는 여자가 된다. 그렇다면 여자를 다른 남자에게 빼앗길 수 있다는 뜻이 되기도 한다. 여자일 경우는 관성이 남자이니 남자를 빼앗길 수가 있다. 그리고 남녀 모두에게 재성과 관성은 재물도 되고 직장도 되니 나의 재물과 직장이 빼앗길 수가 있는 것이다. 빼앗긴다는 것은 타인에게 나의 의지와는 상관없이 일어날 때도 있다. 그것은 바로 도둑을 맞는다든지 강도에게 당한다든지 이런 식으로 나타날 수가 있으니 한해 운에서 겁살 운이 온다면 각별히 주의해야 한다.

> 寅午戌(호랑이, 말, 개)은 亥(해)가 겁살이다.
> 亥卯未(돼지, 토끼, 양)은 申(신)이 겁살이다.
> 巳酉丑(뱀, 닭, 소)는 寅(인)이 겁살이다.
> 申子辰(원숭이, 쥐, 용)은 巳(사)가 겁살이다.

위의 띠별 겁살을 보고 나의 사주 속에 어디에 있는지 운에서 들어오는지, 어떤 육친(인성, 재성, 관성, 식상, 비겁)인지 그리고 상대방

** 상관 : 관을 상하게 하는 육친
*** 재성 : 정재와 편재를 말한다.

의 띠가 겁살띠인지를 보고 판단하면 된다. 자녀가 겁살띠이면 그 자녀에게 많은 것을 줘야한다. 사랑이든지 재물이든지 자녀이기에 빼앗긴다는 의미는 주고 싶지 않다.

실제 개띠의 여성에게 자녀가 돼지띠 일 경우 그 자녀에게는 자꾸 주고 싶은 마음이 든다. 이것이 겁살의 또 다른 좋은 점이기도 하다. 내가 주고 싶은 사람에게는 자꾸 주고 싶은 마음이 들게 하는 것이다. 이것을 빼앗긴다는 표현보다는 줘도 아깝지 않은 마음이 든다는 표현이 더 적절한 것일 수가 있다. 어떤 살(殺)이든지 나쁜 것만 있는 것은 아니다. 비겁(비견, 겁재)운에 이것이 겁살이면 학생일 경우 안 좋은 경우도 있었다.

"우리애가 학교에서 왕따를 당하고 있어요. 어떻게 해야 할지 모르겠네요."

2016년 丙申(병신)년에 상담한 내용이다. 丙申(병신)년 초에 신수를 봐줬는데 그때 겁재에 겁살이 붙어 있었다. 그 당시 여학생은 중학교 2학년이었다. 학교에서 친구들과의 관계를 조심해야한다라고 말해줬는데 여름 이후에 다시 찾아와서 그 부분에 대해 상담을 한 경우다. 친구들과 친하게 지냈는데 어느 순간 이 여학생의 친한 친구까지 빼앗기면서 왕따를 당한 것이다. 여학생의 부모는 어쩔 수 없이 전학을 선택했다. 전학을 한 이후에는 그 학교에서 친구들과 잘 지낸다고 한다. 이렇듯 내 가족의 사주를 알 수 있다면 어떻게 대처해야 할지를 알 수가 있는 것이다. 운이 그러면 이 여학생의 잘못이 아닌 것이다.

"그런 것도 하나 못 이기면 나중에 사회생활 어떻게 할래? 그냥 다녀라."

이렇게 부모가 말해 버리면 아이들은 어디에도 의지할 수가 없다. 혼자서 그 고통을 그대로 받아야 한다. 그러나 사주를 알게 되면 우리 아이가 못 이겨서가 아니라는 걸 알 수가 있다. 어쩔 수 없는 환경 속에 들어가는 거니까 한 번 더 내 아이를 이해하게 된다. 내 아이를 위해 올바른 선택을 할 수 있게 된다.

겁살은 신수에서 잘 맞는 살이다. 실제 차압을 당하고 법적인 소송에 휘말리는 경우도 봤다. 미리 이런 것을 알게 되면 대비를 할 수가 있다. "무슨 대비?" 이렇게 말할 수도 있겠지만 최소한 적게 맞고 간다는 것이다.

천벌은 피하는 게 상책

天殺(천살)은 말 그대로 하늘 天(천)에 죽일 殺(살)이다. 하늘에서 주는 살인 것이다. 천벌이라고 들어봤을 것이다. 그것과 같다고 보면 된다. 그러므로 천재지변이 일어날 수도 있고 하늘 위로 날아가는 비행기를 타고 갈 일이 생길수도 있다. 그때는 조심해야 한다. 우리의 조상들이 돌아가시면 모두 하늘나라로 가신다. 그래서 천살을 조상으로도 본다. 제사 지낼 때 천살 방향을 보고 제사를 지내야하는 이유이기도 하다. 무조건 북쪽을 보고 제사를 지내는 것이 아니라 그 집 가장(대주)의 띠에서 천살인 방향을 보고 제사를 지내야 한다.

천살 방향 반대로 하게 되면 조상님을 향해 엉덩이를 내밀고 절하는 꼴이 된다. 그러면 조상이 노하신다. "아니. 이 놈이 어디다 대고 절하고 있느냐!" 이러신다. 이러면 큰 일 난다.

천살은 하늘의 살이다 보니 사람과의 이별도 있을 수가 있다. 그건 죽음으로 인한 이별이 될 수도 있는 것이다. 모든 것이 마비가 되는 경우도 있다. 우리 몸이 마비가 되는 것과 같다. 그러므로 천살운에는 중풍이나 마비 이런 것을 조심해야한다.

천살 방향으로는 조상님이 계신 곳이니 종교와 관련된 물건을 걸어둔다든지 그냥 둔다든지 하면 안 된다. 지금 이 글을 읽고 있다면 나의 띠의 천살 방향을 보고 종교물이 있는지 확인해서 있다면 다른 곳으로 옮기도록 해야 한다. 천살은 마비가 되는 것과 같기에 매년 오는 운에서 재물에 천살이 붙으면 재물이 굳어버려 움직이지 않으니 돈이 유통이 되지 않는다.

문서에 붙으면 문서거래가 얼어붙어 버린다. "이번에 집을 팔려고 하는데 팔릴까요?"라고 했을 때 인성(문서)에 천살이 있다면 문서가 얼어붙으니 거래가 쉽지가 않다고 볼 수가 있다.

누군가 돈을 빌려 달라고 할 때 천살운이면 돈 거래를 하지 않는 것이 좋다. 돈이 마비가 되니 빌려 준 돈이 돌아오지 않게 된다. 천살띠는 나의 조상이니 내가 잘 해줘야하는 띠이기도 하다. 그리고 하늘을 이길 수 없으니 내가 이길 수 없는 상대이기도 하다. 싸우더라도 나에게 천살띠면 피해라. 못 이긴다.

寅午戌(호랑이, 말, 개)은 丑(축)이 천살이고 방향은 동북이다.
亥卯未(돼지, 토끼, 양)은 戌(술)이 천살이고 서북이다.
巳酉丑(뱀, 닭, 소)는 辰(진)이 천살이고 동남이다.
申子辰(원숭이, 쥐, 용)은 未(가) 천살이고 서남이다.

위의 글에 방향도 적었으니 이것을 참고해서 제사 방향을 보면

좋은 운을 부르는 방법

된다. 예를 들어 소띠이면 辰(진)이 천살이 되고 동남쪽이 천살 방향이 된다. 띠는 용띠가 천살띠가 된다.

되는 일이 없다면

亡身殺(망신살)의 亡(망)은 망할 망이다. 身(신)은 몸 신이다. 망한 몸이라는 뜻이다. 망한 몸은 모든 것이 잘못 되었다는 것이다. 한 마디로 실패, 되는 일이 없다는 말이기도 하다.

망한 몸은 남들이 비웃는다. 그래서 망신살이 들면 남들에게 비웃음거리가 되고 나의 치부가 드러난다. 그러다보면 욕먹을 일도 함께 생기는 것이다. 그래서 망신살이 들면 욕먹을 일도 생기고 비웃음거리도 되는 것이다.

망한 몸은 죽음을 뜻하기도 한다. 몸이 망했으니 수술 할 일도 생길 수가 있다. 띠로 망신살인 자식은 욕먹을 짓을 하고 다니니 부모 입장에서는 여간 망신스럽지가 못하다. 그래서 망신살띠 자식은 좋지 않다고 한다.

남자가 재성에 망신이 붙으면 여자로 인한 망신살이 뻗치고 여자가 관성에 망신이 붙으면 남자로 인해 망신살이 뻗을 수가 있는 것이다. 상관에 망신이 붙으면 말로 인한 구설수가 생길수가 있다. 재성이니 관성이니 이 말은 몇 번 나왔으니 알 수 있을 것이다.

寅午戌(호랑이, 말, 개)은 巳(사)가 망신살이다.
亥卯未(돼지, 토끼, 양)은 寅(인)이 망신살이다.
巳酉丑(뱀, 닭, 소)는 申(신)이 망신살이다.
申子辰(원숭이, 쥐, 용)은 亥(해)가 망신살이다.

나이 든 노인이 망신살 대운이 올 때는 옷이 벗어지는 것이니 죽음을 맞이할 수가 있다.

장사가 잘 되게 하려면

六害殺(육해살)은 지름길을 말한다. 육해살운에는 지름길로 갈 수 있는 길이 생긴다. 공부를 한다면 육해살운에는 불필요하게 이것저것 하는 게 아니라 빠르게 공부를 할 수 있는 지름길로 가게 된다. 몸이 아프면 육해살 방향에 있는 병원가면 빠르게 치료가 된다. 이유는 육해살을 속도로도 보기 때문에 빠르게 일이 진행

되는 것이다.

육해살운에 병이 발병하면 그 병은 오래된 병이기도 하다. 장사
하는 가게에 손님이 없으면 육해살 방향에 술을 뿌리면 손님이 온
다. 나의 대운이 육해살대운이다. 그래서인지 사주명리를 공부함
에 있어서 좋은 스승과 빠르게 공부할 수 있는 여건이 마련이 되
었다. 그리고 배운 것을 빠르게 습득하기도 했다. 학생이 육해살
대운이면 이런 현상이 일어 날 수도 있다. 빠르게 공부를 습득할
수가 있고 잘 가르쳐 주는 선생님을 만날 수가 있다.

寅午戌(호랑이, 말, 개)은 酉(유)가 육해살이다.
亥卯未(돼지, 토끼, 양)은 午(오)가 육해살이다.
巳酉丑(뱀, 닭, 소)는 子(자)가 육해살이다.
申子辰(원숭이, 쥐, 용)은 卯(묘)가 육해살이다.

7

運

사주팔자를 알면
얻을 수 있는 것들

사주를 공부하는 이유는 안분지족(安分知足)하는 삶을 살기 위해 서다. 안분지족이란 자기의 분수를 알고 그것에 만족하며 사는 것을 말한다.

자기의 분수를 아는 방법은 많다. 그중에서도 사주를 알면 '내 삶이 왜 이런지'에 대해 알 수가 있다. 그러면 헛된 꿈을 꾸지 않고 힘든 일이 닥쳤을 때도 지혜롭게 헤쳐 나갈 수가 있다.

사람으로 인해 고통을 받을 때도 내 사주에서 그 사람의 역할이 이런 것이려니 하다보면 원망하지 않게 된다. 내 사주에서 남편의 모습을 보면, 남편의 행동을 이해 할 수가 있고 내 아내의 모습도 이해를 할 수가 있다. 그러므로 원망하고 미워하는 마음이 조금이

나마 사라진다. 아이를 둔 부모라면 내 아이의 성격을 알 수가 있으므로 아이를 이해하는데 한발 나아갈 수가 있다. 무작정 나무라고 요구하기 보다는 아이를 제대로 알고 내 아이에게 맞는 육아를 할 수가 있다.

"왜 저러는지 이해를 못 하겠다."

우리들이 상대방에게 흔히 쓰는 말이다. 이해를 할 필요는 없다. 사주를 보면 그 사람을 알게 되므로 그대로 인정을 해주면 된다. 나에게 맞춰서 상대방을 만들려고 하면 음양이라는 대자연의 법칙에 어긋나므로 문제가 생기는 것이다.

동네 아줌마들이 삼삼오오 모이면 꼭 한 사람을 안주거리로 씹는 경우가 있다. 씹으면서도 본인들은 착한 사람, 본인들이 거부한 사람은 착한 사람을 몰라보는 나쁜 사람으로 취급한다.

이 이야기는 실제다. "그 여자는 왜 저러지? 성격만 좋으면 이 좋은 사람들과 함께 할 수가 있는데 왜 저러는지 모르겠어!"라고 말하는 걸 들었다. 순간 어이가 없었다. 과연 그 상대방은 그렇게 말하는 삼삼오오 아줌마들을 좋은 사람이라고 생각을 할까?

좋은 사람들이었다. 이런 말조차 하지 않았을 것이다. 그리고 그 여자를 이해를 하고 잘 대해 줬을 것이다. 그 여자도 이런 사람들을 등지지 않고 함께 했을 것이다. 인간의 이기심을 그대로 보여주는 모습이기도 하다.

사주를 공부하면서 다양한 사람들을 만난다. 자신의 祿(록)이 없으면 흔들림이 많다. 이 말에 흔들리고 저 말에 흔들리고 주관이 없다. 그런 사람에게 "너의 주관을 가지고 이야기해라"라고 하면 안 된다. 여기서 祿(록)이란 사주에서 '나의 힘이 되어 주는 것'이다. 지지로 비견을 말한다.

	시	일	월	년	
천간	丙	丙	庚	庚	
지지	申	辰	辰	申	(坤)

이 사주의 주인공은 2018년 현재 39세이다. 옆에 坤(곤)이라고 적은 것은 여성을 뜻한다. 乾(건)은 남성을 뜻한다. 사주를 적고 남녀를 구별해서 적을 때 쓰는 것이다.

이 여성의 경우에 祿(록)은 巳(사)화가 된다. 일간 丙(병)화 입장에서는 비견이 된다. 지지에 巳(사)화가 없다. 그건 자신을 지탱해 주고 든든한 지원군이 되어 줄 친구가 없다는 뜻이다. 그럼 이 사주의 주인공은 소심해진다. 싫은 소리를 하고 싶어도 "내가 이런 소리 하면 안 되겠지." 이런 식의 생각이 들다보니 함부로 남에게 말을 못한다.

그렇다고 이 사주가 말을 못하는 것은 아니다. 단지, 자기주장을 펼치지를 못하는 것이다. 실제 이 사주의 주인공은 남에게 피해를 봐도 "그냥 넘어가고 말지, 그런 말을 어떻게 해." 이런 식으로 매사 넘긴다고 한다. 이 사주의 주인공 보고 "너는 그것도 말 못하나? 어서 가서 해라." 한다면 고문 일뿐이다. 사주의 모습을 안다면 그런 식의 말이 아니라 "그래 네가 그것을 말하기에는 힘들 거야"라며 인정을 해주게 된다. 그렇게 인간관계가 형성이 되면 서로 갈등이 생기지 않게 되는 것이다.

사주팔자를 알게 되면 상대방과의 관계에서 이해하고 인정하는 걸 배울 수가 있다. 아니 저절로 습득이 될 수가 있다. 이 사주의 주인공은 본인의 지지 세력이 없으니 말띠 배우자를 만났다. 배우자는 戊午(무오)생이다. 丙(병)은 火(화)이다. 시간의 丙(병)화 빼고는 火(화)가 없다. 그러므로 火(화)인 午(오)의 배우자를 만난 것이다. 남편을 의지하며 잘 살고 있다.

내 팔자 탓이다

상대방에게 불평불만을 가지게 되는 것보다 오히려 상대를 더 잘 알게 되니 그것에 맞춰서 서로가 노력을 한다면 좋은 인간관계를 형성 할 수가 있는 것이다. 타인과의 관계에서도 이렇게 알 수가 있는데 하물며 가족은 더 자세히 알 수가 있고 더 좋은 가족관계를 형성 할 수가 있다.

남편이 정리 정돈을 하지 않는다면 내 사주에서 내 남편의 모습이 정리 정돈을 할 줄 모르는 그런 사주일 수가 있다. 그렇게 보면 내 팔자 탓이다. 누굴 원망하랴~! 그러니 절로 이해가 가고 남편 대신 내가 정리를 하면 되는 것이다. 이 역시 내 사주의 분수를 알고 그것에 만족하는 것과 같다.

젊을 때는 노력만 있으면 모든 것을 다 할 수 있다고 생각하며 살았다. 나이가 40이 넘으면 알게 된다. 노력만으로는 되지 않는 것이 있다는 것을….

예전 TV에서 추신수 선수가 나와서 한 말이 기억에 남는다. "모든 선수들이 죽을 만큼 힘들게 노력하지만 운이 따라주지 않으면 이룰 수가 없다"고 말하는 것이다. 그 말을 듣고 '운을 보는 법을 배우지 않아도 몸으로 느낄 수가 있구나!' 하며 추 선수의 말을 다시 한 번 되새겨보게 된다.

제 아무리 뛰어난 실력을 가지고 있어도 때가 되지 않으면 그 실력을 알아주지 않는다. 강태공이 낚싯대를 드리우고 자신을 알아 봐 주는 때를 기다렸듯이 사람에게는 '때'라는 것이 있다. 때가 되지 않으면 아무리 발버둥 쳐도 이루어지지 않는다. 하지만 자신의 실력을 발휘할 때가 언제 올지 모르니 그동안은 실력을 쌓아야 한다. 무조건 '때'를 기다리는 것이 아니라 이루고자 하는 바가 있다면 실력부터 차곡차곡 쌓아야한다. 쌓다보면 어느 순간 자신을 알아봐 주는 때가 오게 되어 있다. 이것이 운이 돌고 도는 이치이다. 운이 돌고 돌아 나와 코드가 맞아 질 때 그 때가 꽃을 피울 수 있는 때가 된다. 사주란 이렇게 신기하기도 하면서 나 자신을 알게 해주는 것이다.

사주팔자 절대 믿지 않는 한 남자가 있었다. 그 남자는 "세상에 운이 어디 있어요? 내가 노력하기 나름이고 내 마음먹기에 달려 있지"라며 운을 부정하는 남자였다. 운을 부정하는 것은 사주팔자를 부정하는 것과 같다.

노력이 아주 중요하다. 그러나 노력으로는 안 되는 것이 있다. 예를 들어 정년퇴직을 하게 되어 퇴직금으로 치킨집을 열었다. 그러나 그해 조류독감이 돌아 치킨집을 열자 마자 문을 닫아야하는 상황이 생길 수도 있다. 그것이 내 마음먹기에 달려있고 노력에 달려 있는 것일까?

운에 '내 마음먹기에 달려 있다'는 말을 쓰는 것은 적당치 않다. 그런 말을 쓰고 있다면 힘든 운에서 좋은 운으로 바뀔 때 마음을 새롭게 가져서 좋게 바뀌었을 때 일 것이다. 그것을 타인도 똑같다고 하며 강요해서도 안 된다.

"운 나쁜 놈은 뒤로 자빠져도 코가 깨진다"는 말은 그냥 나온 것이 아니다. 옛날 어르신들의 말씀을 들어보면 '사주를 공부하지 않아도 어떻게 알 수 있을까?' 하는 생각이 드는 경우가 있다.

"삯바느질 잘하는 여자는 남편 복 없다." 이 말을 사주로 풀면 사주에 식상이 많다는 이야기다. 식상은 손재주다. 삯바느질을 잘한다는 것은 손재주가 있다는 뜻이다. 그렇다면 식상이 사주에 많으므로 인해서 피해를 보는 것은 관성이다. 관성은 남편이다. 그래서 남편 복이 없다고 하는 것이다. 그냥 흘러 듣던 말들도 사주팔자를 공부한 뒤로는 왜 그런지에 대해서 알 수가 있다. 사주를 공부하게 되면 이처럼 실생활에서 들었던 것의 이유를 알 수 있으므로 인해 살아감에 많은 도움이 된다.

내 사주팔자를 알게 되면 남을 원망하지 않는다. '내 삶이 그렇구나'하고 스스로를 인정하며 그 삶에 만족을 할 수 있게 해준다. 사람이다 보니 안 될 때도 있겠지만 '알고 모르고'는 하늘과 땅 차

좋은 운을 부르는 방법

이다.

사주팔자 여덟 글자 속에 인생을 들여다 볼 수 있다는 것은 하나의 능력이 된다. 그 능력은 누구나가 가질 수 있다. 어떤 특정한 사람만이 하는 학문이 아니기 때문이다. 우리들이 국어 수학 영어 등을 배웠듯이 사주도 마찬가지다. 단지 관심이 '있고 없고'의 차이일 뿐이다.

조금이라도 관심을 가지게 된다면 사주 책을 펼쳐서 하나하나 단계를 밟아 공부해보기 바란다. 사주를 보다보면 '지금 내가 무엇을 해야 할지'를 알게 해준다. 힘든 일이 생겼을 때 '어떻게 대처해야 하는지'도 알 수가 있다. 그런 방법들을 알 수 있도록 사주팔자 여덟 글자 속에는 현명한 길을 걸을 수 있도록 해주는 길잡이가 함께 들어있는 것이다.

2장

사주를 알면
내 배우자를
알 수 있다

1

내 사주 속 배우자는
어떤 사람일까?

남자와 여자가 만나 하나가 되는 것은 자연의 이치다. 누구나가 평생을 함께 할 배우자에 대해서 '어떤 배우자를 만날까?' 하며 궁금해 한다.

사주팔자 네 개의 기둥 속에는 각각의 자리가 있다. 그중에서 짝지가 될 배우자의 자리는 내가 태어난일의 지지(地支)이다. 태어난 일의 天干(천간)은 나 자신이 된다. 나 자신이 안고 있는 지지(地支)가 평생 나와 함께 갈 배우자의 자리가 되는 것이다. 그 자리에 어떤 오행이 들어 있는지를 보면 배우자의 성격이나 어떤 배우자를 만날지 어느 정도 유추가 가능하다.

100%로 맞는 것은 아니다. 사주팔자는 다양한 각도로 여러 가

지를 함께 봐야 되지만 배우자 자리만 가지고도 어느 정도는 알 수가 있다. 사주를 상담하다 보면 다양한 사람들을 만난다.

"선생님 우리 남편은 자기가 장남도 아니면서 시댁의 일은 자기 혼자 다 처리하려고 합니다. 우리도 살기 힘든데 뭐하는 건지 맘에 안 들어 죽겠어요."
상담 중에 많이 듣는 하소연이다.

"우리 남편은 직장을 한 군데 꾸준히 다니지를 못해요."
직장을 한 군데 꾸준히 다니지 못하고 이것저것 사업을 하려고 하는 남편으로 인해 고통을 호소하는 분들도 계신다. 남편 사주에 직장을 다닐 수 있는 여건보다 사업이나 자영업을 할 여건이 마련되어 있다면 직장 생활을 할 수가 없다. 직장생활을 하면 할수록 조직에 순응하지 못하고 답답함을 느끼기 때문이다. 그런 사람에게 직장 생활을 강요하면 부부 싸움만 일어나고 서로 거리감만 생긴다.
사주팔자를 공부한다면 남편과 아내를 조금이나마 이해를 할 수가 있다. 남자사주 중에는 '셔터맨'이 되어야 하는 사주도 있다. 아내의 일을 도와주고, 아내가 출퇴근할 때 셔터를 올리고 내려주는 일을 해야 하는 사주도 있다.

재성*이 너무 많아 사주가 약해진 경우는 아내와 함께 해야 일이 잘 풀리는 경우다. 아내가 아니라면 여자가 많은 곳에서 일을 한다든지, 여자를 상대로 하는 일을 할 경우 오히려 남자를 상대하는 것보다 편한 마음이 들 수가 있다.

여자사주에 관성**이 많을 경우 '남자가 많다'는 말은 사주를 한 번이라도 본 사람이라면 들어 봤을 것이다. 물론 본인 사주에 관성이 많을 경우에 말이다. 이럴 경우에도 남자가 많다고 보기보다는 남자들이 많은 공간에 일을 한다든지, 남자와 관련된 일을 할 수가 있다고 통변***을 해도 무방하다.

	시	일	월	년
천간	O	O	O	O
지지	O	배우자자리	O	O

---

* 재성 : 정재와 편재
** 관성 : 정관과 편관
*** 통변(通辯) : 사주를 해석하는 방법

연월일시에서 일의 자리 지지에 '배우자자리'라고 적혀있다. 이
곳에 있는 오행의 모습을 보고 배우자의 모습을 유추할 수가 있다.

	시	일	월	년
천간	癸	丙	丁	戊
지지	巳	子	巳	寅

위의 사주 예시에서 배우자 자리를 가리키는 오행은 子(자)이다.
이것이 배우자의 자리이므로 만세력으로 사주를 뽑아서 나의 사
주 배우자자리에 어떤 오행이 있는지 확인한 후 읽어보면 좋을 듯
하다.

지지(地支)에는 열두 개의 지지(地支)가 있다. 그것을 십이지지라
고 한다. 우리가 무슨띠 무슨띠 하는 것이 십이지지의 동물이다.
쥐띠는 子(자)이고 丑(축)은 소띠라고 하듯이 십이지지를 동물로 볼
수가 있다. 일지에 십이지지가 있을 때 어떤 성향의 사람을 만나
는지, 이미 배우자가 있다면 나의 남편이나 아내가 어떤 사람인지
십이지지 별로 알아보자.

子(자)가 일지에 있을 경우에 특징은 눈치가 빠르고 민첩한 배우자를 만날 수가 있다. 가족관계를 중시하다 보니 본인이 맏이가 아니래도 장남 장녀 구실을 하려고 한다. 눈썰미가 좋고 정밀한 것을 좋아한다. 여름에는 입안에 염증이 잘 생기기도 한다. 너무 신중해서 의심도 많다. 사업을 하는 사람이라면 조금하다가 그만두기도 하고, 조금 가다가 주변을 살피고 숨었다가 나오기도 한다.

배우자자리에 子(자)가 있을 경우 남편이나 아내 될 사람이 살이 찐다면 건강이 안 좋을 수 있으므로 살이 찌지 않도록 주의해야 한다. 야식을 좋아하고 임기응변도 뛰어나다.

	시	일	월	년
천간	癸	戊	乙	己
지지	丑	子	亥	酉 (坤)

이 사주의 주인공은 2018년 현재 50세 여성이다. 배우자자리(남편)에 子(자)가 있는데, 실제 이 사주의 남편은 눈치도 빠르고 민첩하며 장남노릇을 하려 한다고 한다. 입안에 염증이 잘 생겨서 걱정이 많고 임기응변도 뛰어나다. 눈썰미도 좋지만 살이 쪄서 그것

이 걱정이 된다며 하소연을 한다. 이 사주의 배우자는 살이 많이 찌지 않도록 관리를 해줘야 남편이 건강할 수가 있다.

丑(축)이 일지에 있을 때 만날 배우자의 특징은 일복이 많다. 일복이 많다보니 성실할 수 밖에 없다. 노력파이기도 하며 죽음에 대한 공포심을 가지고 있기도 하다. 종교를 잘 믿고 부지런하며 봉사심도 많다. 그러나 한번 잘못하면 그것을 두고두고 되새긴다. 내 사주 일지에 丑(축)이 있다면 배우자에게 되새김질 당할 일을 하지 않으면 된다. 그리고 속내를 잘 드러내지 않는다. 사람들과 잘 사귀는 듯해도 실제 자신의 마음을 잘 드러내지 않는 특징을 가지고 있다.

남자사주 일지에 丑(축)이 있으면 부인이 일편단심이다. 마음이 한결 같은 사람을 만날 수가 있다. 여자사주에 일지가 丑(축)이면 남편 될 사람이 명예를 중시하고 타협이 잘 안 되는 경우도 있다. 장이 약하고 눈병에 잘 걸릴 수 있으며 조용한 걸 좋아한다.

	시	일	월	년
천간	己	辛	己	辛
지지	丑	丑	亥	亥 (乾)

이 사주의 주인공은 2018년 현재 48세 남성이다. 배우자자리^{(부}인⁾에 丑^(축)이 있다. 이 사주의 부인은 일복이 아주 많다. 시댁에서도 차남인데 맏며느리 역할을 혼자서 다하고 있다. 부지런하다보니 집안일도 어려워하지 않는다. 그래서 늘 집이 깔끔하다. 장이 약해서 소화가 잘 안되고 약한 면이 많다. 눈 관련 질병에 잘 걸리는 편이다. 안구건조증과 알레르기 질환을 같이 가지고 있다. 남편을 만나기 전에는 연애한번 해보지 않았고 결혼 후에도 남편만 바라보고 살고 있다. 봉사심도 뛰어나고 사람들에게 나눠 주는 것도 좋아한다. 그러나 한번 잘못 보이면 계속 되새긴다. 이 남자 또한 부인에게 잘못한 것이 있었는데 그것을 계속 되새긴다고 한다.

寅^(인)이 일지에 있을 경우 배우자의 특징은 눈이 매혹적이고 광채가 나고 반짝거린다. 얼굴은 둥근형이 많다. 위장이 약하고 대의명분이나 목적이 뚜렷하다. 책임감이 강하며 가정을 중시한다. 착실하지만 때론 소심할 때도 있다. 조심성도 많아서 함부로 움직이지 않는다. 가끔은 혼자서 소설을 쓸 때가 있다. 이 말은 혼자 생각해서 판단하여 스스로 스트레스를 받을 수가 있다는 뜻이다. 효자, 효녀이기도 하다. 혼자서 다하려고 하다 보니 외롭기도 하다. 남편이든 부인이든 키가 작지는 않다. 키가 작다면 다부지다.

	시	일	월	년
천간	甲	壬	己	辛
지지	辰	寅	亥	亥 (坤)

이 사주의 주인공은 2018년 현재 48세 여성이다. 남편의 자리에 寅(인)이 있다. 남편은 책임감이 강하다. 가족을 먹여 살리기 위해 동분서주하는 사람이다. 대의명분을 중시하고 착실하다. 효자이다 보니 부모님께도 잘하고 여동생들에게도 잘한다. 혼자서 대소사를 다 책임지고 손해를 생각하지 않으며 가족을 챙기고 있다. 얼굴은 둥근형이다. 키도 180cm이다.

● 배우자자리에 卯辰巳(토끼, 용 , 뱀)이 있을 때

卯(묘)가 일지에 있을 경우에는 논리적이고 합리적인 배우자를 만날 수가 있다. 부지런하고 근면성실하다. 조금씩 자주 먹기 때문에 과식하게 되면 장에 탈이 나서 설사병을 만날 수도 있는데 이때는 위험해 진다. 입도 짧다. 배우자가 눈이 크면 겁이 많다. 남자사주에 일지가 卯(묘)이면 아내가 속이 냉하고 결벽증 우울증 등이 있을 수 있다. 여자사주에 일지가 卯(묘)이면 잘 체하고 폐가 약하고 시력이 약할 수가 있다. 신경이 예민할 수가 있고 잠이 부족할 수가 있다. 다소 쌀쌀맞게 보이기도 한다. 소심하기도 하고 손재주가 있다. 卯(묘)는 두 갈래로 갈리니 결정 장애가 있을 수 있다.

	시	일	월	년
천간	壬	己	己	乙
지지	申	卯	卯	卯 (坤)

이 사주의 주인공은 2018년 현재 44세의 여성이다. 남편이 눈이 크고 겁이 많다고 한다. 쌀쌀맞게 보이고 결정 장애가 있어서 본인이 다 결정해서 말을 해줘야 하고 음식도 10개를 주면 6개만 먹고 나머지는 남긴다고 한다. 그리고 남은 걸 부인에게 먹으라고 준다고 이야기하면서 흥분을 감추지 못했다. 손재주는 있다고 한다.

어느 날 외출하고 집에 도착했는데 도둑이 들은 것이다. 눈이 크고 겁이 많은 남편은 부인을 앞장 세워 문을 열고 확인하라고 했다. 그리고 남편은 부인 뒤에 숨었다고 한다. 그래서 부인이 문을 발로 차면서 도둑에게 "야 이 새끼야." 하고 나갔던 이야기를 하면서 "남편이라는 사람이 어떻게 부인한테 그럴 수 있냐"며 하소연을 하는 것이다. 사주를 보여주며 이래서 이렇다 설명을 했더니 "내 팔자가 겁 많은 남자 만날 팔자였네요." 라며 한숨을 쉬며 스스로 수궁을 하는 모습을 보였다.

辰(진)이 일지에 있을 경우에 배우자는 무시당하는 것을 싫어한다. 군것질을 좋아하고 상상력이 풍부하고 싸게 파는 물건, 세일을 많이 하는 물건 등을 좋아한다. 소탈하고 꾸밈이 없다. 술을 좋아한다. 병도 술로 인해 날 수 있으므로 조심해야 한다. 무엇이든지 잘 먹고 경계심이 많다. 위장병이 날 수 있는데 이것은 술이나 국 종류나 물이 들어간 음식을 많이 먹어서 생기는 병이다. 이것저것 잡다한 지식이 많을 수가 있다. 그래서 여러 가지 일을 하려고 한다.

	시	일	월	년
천간	丙	丙	庚	庚
지지	申	辰	辰	申 (坤)

이 사주의 주인공은 2018년 현재 39세의 여성이다. 남편은 초밥 집을 운영 중이다. 이 여성의 남편은 군것질을 잘하고 기호식품을 좋아한다. 술을 좋아해서 술만 마시고 나면 피부에 울긋불긋한 것이 올라온다고 한다. 싸게 팔고 덤핑으로 파는 물건들을 좋아하고 소탈하고 꾸밈이 없고 무시당하는 것을 싫어한다고 한다.

巳^(사)가 일지에 있을 경우에 배우자의 특징은 전문가적 기질이 있다. 능률적으로 일하기 위해 노력하고 자신보다는 타인을 위해 노력하는 사람이다. 그렇다보니 적응력도 뛰어나다. 눈이 섹시하고 날카롭다. 뱀은 눈이 날카롭기 때문이다. 기술공학 쪽으로 일을 할 수가 있다. 뒤끝은 없다. 왜 뒤끝이 없을까? 뱀은 뒤로 가지 않고 앞으로만 가니까 그렇다고 본다. 싫증을 잘 내며 냄새에 민감 할 수가 있다. 정리정돈을 잘하고 미래에 대비하는 성격을 가지고 있다.

	시	일	월	년
천간	壬	丁	辛	辛
지지	寅	巳	卯	亥 (坤)

이 사주의 주인공은 2018년 현재 48세의 여성이다. 이 여성의 남편은 전문가로써 사회활동이 왕성하다. 정리정돈도 깔끔하게 잘하고 능률적으로 일을 하기 위해 많은 노력을 한다고 한다. 싫증을 잘 내고 자신보다 다른 사람들을 위해 희생하며 봉사를 하니 부인 입장에서는 이 부분이 안 좋다고 한다. 매사 적응력이 뛰어나다보니 기술 분야에서도 잘 적응하며 리더로써 잘 이끌어나가고 있다고 한다. 그러나 욱 하는 성격이 있어서 그 부분에 대해 늘

걱정을 하고 있다고 한다. 외모는 눈이 작지만 그 속에 날카로움을 안고 있는 얼굴이다. 뱀 중에서 고르라고 한다면 코브라 느낌이 났었다.

● 배우자자리에 午未申(말, 양, 원숭이)이 있을 때

午(오)는 말이다 보니 빠르다. 빠르다는 것은 추진력이 있다는 말이기도 하다. 얼굴은 말처럼 길게 생긴 경우가 많다. 오시(午時)는 기온이 가장 뜨거울 때이다. 그래서 더위를 잘 탄다. 달리다보니 피로도 잘 느끼고 빨리 가야하니 조급함이 있을 수가 있다. 투기성이나 모험심이 있을 수 있지만 위기상황을 잘 극복하기도 한다. 남자가 일지에 午(오)가 있으면 그 아내 될 사람이 집안일 보다는 바깥일을 선호한다. 한 여름이기도 하고 정오의 뜨거운 열기가 가득하기 때문에 물을 자주 마셔야한다. 물을 마시지 않는다면 내 배우자를 위해 물을 준비해 주는 것도 센스 중에 센스다.

	시	일	월	년
천간	丙	庚	癸	丁
지지	戌	午	卯	未 (乾)

이 사주의 주인공은 2018년 현재 52세의 남성이다. 이 남성의 부인은 모든 것을 혼자서 짊어지고 갈려고 한다. 午^(오)를 파자하면 人^(사람 인) + 十^(열 십)자가 되는데, 이 모습은 사람이 십자가를 짊어지고 가는 모습이다. 그렇다보니 힘이 들기도 하다. 추진력이 좋고 결단력이 있다. 그래서 남편이 이 부인에게 많이 의지한다고 한다. 무거운 짐을 혼자 지고 가야 하니 옆을 둘러볼 여건이 되지 않는다. 그런 모습을 사람들은 인간미가 없다고 말을 자주 한다고 한다. 사주를 알면 이 사람의 부인이 왜 그렇게 되었는지 알 수가 있는데, 그럼 그 모습에 대해 인정을 해 줄 수가 있는 것이다. 하지만 모르기 때문에 겉만 보게 되는 것이다. 얼굴은 길다. 한마디로 말상이다. 午^(오)가 십자가도 되다보니 병원을 의미하기도 하고 바늘이기도 하니 성형을 얼마 전에 했었다. 일지에 午^(오)가 있다고 해서 모든 사람이 성형을 하는 것은 아니다. 이 부인은 말상이라 말상은 성형으로 되지가 않아 속상하다며 한껏 이야기를 주고받은 사주이기도 하다.

未^(미)가 일지에 있을 경우에는 온순하고 순진한 배우자를 맞이할 경우가 많다. 未^(미)는 味^(맛 미)도 되기 때문에 미식가도 많다. 밀가루 음식을 좋아할 수가 있으므로 위에 탈이 나는 경우도 종종 있다. 인심이 후하고 수용력이 뛰어나다. 양은 무리지어 다니니 그룹 활동을 좋아하기도 하며 베풀기도 잘 한다. 음식을 먹는 것도 좋아하지만 만드는 것도 잘 한다. 사람이 좋다보니 본의 아니게 타인으로부터 피해를 당할 수도 있다. 사색을 즐기고 교훈적인 이야기를 많이 한다. 호흡기와 위장이 약할 수가 있다. 베푸는 것을 좋아 하니 배우자 입장에서는 조금 그 부분이 아쉬울 수가 있지만 이 또한 복을 끌어 들이는 방법이니 이해하고 넘어가면 좋을 것 같다.

	시	일	월	년
천간	戊	乙	癸	丙
지지	寅	未	巳	申 (坤)

이 사주는 2018년 현재 63세의 여성의 사주다. 라면을 아주 맛있게 끓인다며 남편 자랑을 많이 하는 여성이다. 다른 음식은 남편이 바빠서 할 시간이 없어서 먹어보지는 못했지만 라면은 정말 맛있게 잘 끓인다고 한다.

남에게 베푸는 것을 좋아하고 인심이 후해서 가끔은 그것에 못마땅함을 느낀다고 한다. 약방의 감초 같은 역할을 잘한다고 한다. 그러나 남의 일도 본인 일처럼 하다 보니 두 배의 짐을 지고

가기도 한다.

未(미)를 파자하면 二 + 十 + 人 이 된다. 사람이 십자가를 두 번이나 지고 가는 형상이다. 그러므로 남들 보다 두 배의 일을 하게 되는 것이다. 호흡기와 위가 약해서 그와 관련된 약을 먹고 있다고 한다.

申(신)은 神(신)이 되기도 하므로 일지에 申(신)이 있을 경우에는 배우자가 촉이 아주 좋다. 그래서 느낌으로 하는 말들이 잘 맞기도 하다. 申(신)은 金(금)이기 때문에 돈으로도 본다. 그런 이유로 일지에 申(신)이 있을 경우 배우자가 계산적이고 절약하며 검소한 생활을 잘 한다. 본인 소유에 대한 집착도 강하며 남에게 지는 걸 싫어한다. 별일이 아닌 것도 혼자서 잘 삐치기도 한다. 재주는 뛰어나다. 재치와 유머도 가지고 있고 분위기에 잘 젖는다. 기분파라서 술을 먹든지 할 경우 한 턱을 잘 낸다. 한 턱을 잘 내서 다행이지 두 턱 낼까 두렵다. 아무리 짠돌이라도 그럴 땐 기분파의 모습을 보여주기도 한다. 기관지가 약하기도 하고 마른기침을 할 수도 있다.

좋은 운을 부르는 방법

	시	일	월	년
천간	庚	庚	己	庚
지지	辰	申	丑	戌 (坤)

이 사주는 나의 사주다. 나 자신에 대해 나보다 잘 아는 사람이 없으므로 나의 사주를 예시로 들었다. 실제 나의 남편은 절약 정신이 뛰어나서 불만 켜 놓으면 곳곳에 불을 끄고 다닌다. 한때 이걸로 스트레스를 너무 받아서 남편과 자주 싸웠던 적도 있다. 본인을 위해서는 돈을 쓰지 않는다. 검소하다. 그러면서 여러 방면으로 뛰어나서 못하는 것 없이 재주가 많다. 기분파이기도 하다.

나의 사주를 알고 남편을 보니, 남편 얼굴이 원숭이처럼 보였다. TV를 보고 있는 남편의 얼굴을 쳐다보며 '사주는 거짓말 못해'라고 혼자서 중얼거린다. 옆모습이 원숭이 같기 때문이다. 계산적이고 손해 볼 일은 잘 하지 않는다. 어쩜 사주속의 내 남편의 모습이 이렇게도 맞아 떨어지는지 신기할 때도 많다. '천생연분인가?' 하는 생각과 함께 미워도 마음을 다시 잡아 보기도 한다. 누구를 만나든지 다 똑같을 테니 말이다.

● 배우자자리에 酉戌亥(닭, 개, 돼지)가 있을 때

酉(유)가 일지 배우자자리에 있을 경우, 그 배우자는 스트레스를 많이 받는 타입이다. 스트레스를 많이 받다보니 독기 어린 목소리를 낼 때도 있다. 섬세하고 꼼꼼하며 주로 장남 장녀가 많다. 막내여도 집안일을 맡아서 하는 경우도 많으며 불면증이 있을 수도 있다.

닭은 벼슬이 있다. 그래서 자리에 대한 욕심이 있을 수도 있고 예민하여 신경성 체질일 경우가 많다. 기호식품을 좋아하고 장류(된장,고추장등)를 좋아한다. 바이러스 질환에 잘 노출 될 수가 있으므로 주의해야 한다.

	시	일	월	년
천간	己	丁	癸	己
지지	酉	酉	酉	酉 (坤)

이 사주의 주인공은 2018년 현재 50세의 여성이다. 이 여성의 남편은 술 담배를 좋아한다. 장남이며 된장찌개라든지 발효된 음식을 대체적으로 좋아한다. 주변에 스트레스를 많이 받다보니 술로써 스트레스를 풀며 살고 있다. 酉(유)라는 인자는 넋두리를 들

어주면 고마워한다. 그러나 넋두리 할 곳이 없다고 한다. 이 여성에게 남편의 넋두리를 들어줘야 남편이 안정을 찾을 수 있다고 조언해 줬다.

戌^(술)이 배우자 자리에 있을 경우 그 배우자는 사생활을 중시한다. 바른말 하기를 좋아하고 의리가 있으며 일을 할 때도 충성스럽게 잘한다. 한마디로 충직하고 믿음직스럽다. 자기 성질에 못이겨 할 경우가 있는데 이럴 때 혈압이나 중풍을 조심해야한다. 직설적이지만 책임감은 강하다. 가정을 지키기 위해 많은 노력을 한다. 음량이 풍부하여 목소리가 크다. 대장이 약할 수가 있다.

	시	일	월	년
천간	辛	庚	己	庚
지지	巳	戌	卯	戌 (乾)

이 사주는 2018년 현재 49세의 남성이다. 이 남성의 아내는 이 남성을 만나고 목소리도 커지고 잔소리도 많이 늘었다고 한다. 편의점에서 아르바이트를 했는데 일을 잘하고 믿음직스러워 사장이 그만 둘 때 그만 두지 못하게 하여 겨우 그만두고 몸이 안 좋아 지금은 집에서 쉬고 있다. 가정 살림을 잘하고 주부로써는 맡은 바

일을 잘하고 있다. 본인의 사생활을 중시하다보니 그 생활에서 어긋남이 있으면 못견뎌한다.

亥(해)는 십이지지 중 마지막이다. 마지막으로 도착한 동물이다보니 게으르다. 일지에 亥(해)를 가지고 있으면 배우자가 정리 정돈을 잘 못하고 지저분하다. 그리고 孩(어린아이 해)에는 亥(해)가 들어가므로 어린아이와 같이 순수하고 천진난만한 모습을 가지고 있다. 咳(기침 해)이기 때문에 천식이 있을 수 있고 마른기침을 할 수가 있다. 몸이 차고 습하기도 하며 설사 아니면 만성 변비를 가지고 있을 수가 있다. 타인의 시선에 신경 쓰지 않고 자기 만족을 위해 살아가기도 한다. 나이가 들면 건망증도 잘 생기고 신부전도 조심해야한다. 아이디어는 풍부하다.

	시	일	월	년
천간	甲	丁	戊	辛
지지	辰	亥	戌	亥 (坤)

이 사주는 2018년 현재 48세의 여성이다. 남편이 외출하고 오면 옷을 벗은 채로 그대로 두고 몸만 빠져 나가고 양말은 둘둘 말아 벗어 툭 던져놓고 뒷정리 해 주는 것도 하루 이틀이지 화가 난

좋은 운을 부르는 방법

다고 한다. 집안에 못 박을 것이 있어도 게을러서 잘 해주지 않아 본인이 할 경우가 많지만 한편으로는 어린 아이 같아서 귀여운 면도 있다고 한다. 그래서 불만이 있어도 부부가 같이 사는 것 같다.

2

내 남편 내 아내의
교주가 되자

● 여보 나 힘들어 회사 그만 둘까?

결혼을 하면 나 혼자가 아니라, 내가 거두어야 할 식구들이 생긴다. 남자는 여자를, 여자는 남자를, 이렇게 서로가 하나가 되는 것을 '음양이 조화를 이루었다'라고 한다. 그래서 남자나 여자나 짝을 이루어 하나로 완성되기 위해 서로 끌어당기고 있는 것이다.

그 완성의 결과물이 자녀다. 이 자녀가 자라서 또 결혼을 하고 짝을 이루어 또 자녀를 낳고 이렇게 순환하는 것이 자연의 법칙이기도 하다. 그 속에서 우리들은 서로를 맞춰가기 위해 부부싸움도 하고 사랑도 하고 이 관계 속에서도 음양이 있는 것이다.

좋은 운을 부르는 방법

어둠이 있으면 밝음이 있고, 밝음이 있으면 어둠이 있는 것이다. 사랑과 원망은 한 곳에 함께 하고 있으니 남편이나 아내가 사랑스럽다가도 미워지기도 하고, 미워지다가도 사랑스럽기도 하다. 이 과정이 반복되는 이유는 우리가 자연의 법칙 속에 살고 있기 때문이다. 부부싸움을 하지 않는 부부들이 이혼 할 때 소리 소문 없이 하는 경우가 이 법칙이 깨어졌기 때문이다. 이것은 음양을 모르는 사람들도 아는 이야기이다.

"부부싸움 안하는 사람들이 이혼 할 때 아무런 망설임 없이 하는 경우가 많잖아요. 오히려 지지고 볶고 싸우는 사람들이 이혼 잘 안 하더라고요."

주변에서 듣는 이야기다. 이 이야기를 들으면서 일리가 있다는 생각이 들었다. 음양공부를 하는 나의 입장에서는 틀린 말도 아니기 때문이다. 그렇다고 부부 싸움을 전혀 하지 않는 사람들이 이혼을 많이 한다는 이야기는 아니다. 대체적으로 그렇다는 것이다.

결혼을 해서 한 가정을 이루고 산다는 것은 많은 일들도 함께 한다는 것이다. 그 중에서 남편이 직장생활 속에서 받는 스트레스나 요즘처럼 일자리가 없는데 직장 사정이 안 좋아서 일이 없다든지 할 경우 아내 입장에서는 남편 못지않게 힘들다.

"내가 돈을 벌어서 남편에게 보탬이 되는 것도 좋지만 돈 벌 능력이 없다면 자기 자신을 가꾸는 것도 보이지 않는 기운으로 좋은 운을 끌어 들이기 때문에 남편 하는 일이 잘 풀릴 수도 있습니다." 항상 주변의 아줌마들에게 해주는 말이다.

가꾼다고 하니 사치하고 치장하는 걸로 착각할 수 있겠지만 여기서 말하는 것은 그게 아니다. 나를 가꾼다는 것은 몸과 마음을 가꾸는 것이다. 나쁜 심보를 버리고 타인에게 말 한마디라도 따뜻하게 하는 것. 그리고 지저분한 모습으로 있기보다 늘 깔끔한 모습으로 남편을 맞이하고 스스로를 귀부인으로 만드는 것이다. 명품을 둘러서 귀부인 아니라 사람 자체가 귀함을 가지면 귀한 사람의 남편은 저절로 귀해진다. 자식 또한 그렇다.

여자는 여자다워야 한다. 여자가 남자 같으면 남편의 기운을 꺾어 버리기 때문에 남편 하는 일이 잘 풀리지가 않는다. 여자들 중에 남자처럼 투박스럽게 다니는 걸 보면 이해가 가지 않는다. 남자는 남자다워야 하고 여자는 여자다워야 한다. 그래서 남자다운 남자와 여자다운 여자가 만났을 때 좋은 기운이 같이 형성 되는 것이다. 하는 일이 잘 풀리고 막힘이 없고, 혹 막힘이 있더라도 쉽게 풀릴 수가 있는 것이다. 음식을 하나 만들더라도 남편에게 맞는 음식을 요리할 수 있고 자녀에게도 맞지도 않는 음식을 권하며 억지로 먹이지 않을 수도 있다. 채소가 좋다고 모두에게 적용되는 것은 아니다. 육류섭취가 나쁘다고 해서 그 또한 모두에게 적용되는 것도 아니다. 사주팔자를 공부하면 내 가족에게 맞는 음식을 해 줄 수가 있는 것이다. 양약이 맞을 때도 있고 한약이 맞을 때도 있다. 그 또한 사주팔자를 공부하면서 어느 쪽이 맞을 까 생각하며 진료를 보는 것도 좋은 방법이다.

합은 합으로 푼다

아이의 키가 너무 작아서 키를 키우려고 한약으로 키 크는 약을 매번 해줬지만 실상 키가 크지 않는 경우도 있다. 사주에서 키는 木(목)의 기운으로 본다. 木(목)은 발산이다. 쭉쭉 뻗어나가는 기운이기도 하다. 사주에서 이 木(목)이 약하면 키가 안 클 경우가 있다. 木(목)이 두려워하는 金(금)이 木(목)보다 많다면 더욱 뻗어 나가기가 힘든 것이다. 사주에는 합이라는 것이 있다. 천간합중에 木

⁽목⁾이 합이 되는 경우가 甲己⁽갑기⁾합과 乙庚⁽을경⁾합이 있는데 이 중에서도 乙庚⁽을경⁾합이 있을 경우 대체적으로 키가 크지가 않았다. 甲⁽갑⁾은 큰 나무이다. 큰 나무가 작은 밭에 심어져 있는 형국이니 그나마 乙庚⁽을경⁾합보다는 낫다. 乙⁽을⁾은 화초 넝쿨이다 보니 庚⁽경⁾금 바위에 넝쿨처럼 엉켜 버리므로 위로 자라지는 못하기 때문에 아무래도 키가 그리 크지는 않다.

사주팔자에 그런 인자가 있다면 아무리 키가 크는 약을 먹인다고 해도 크게 자라지 않는다. 억지로 아이에게 먹이다보면 오히려 더 스트레스 받아서 크지가 않기 때문에 그럴 때는 乙庚⁽을경⁾합을 풀 수 있도록 해주는 것이 좋다. 합은 합으로 푼다. 乙庚⁽을경⁾합일 때 乙⁽을⁾이 오면 합이 풀린다. 乙⁽을⁾에게 乙⁽을⁾은 비견이다. 비견은 친구 형제 동기간이다. 친구와 잘 뛰어 놀게 한다면 약보다 더 큰 약이 될 것이다.

직장생활을 하는 남편은 스트레스를 많이 받는다. 직장 내 대인관계에서 조차 문제가 되기도 하고 이상한 상사를 만나서 힘들 때도 많다. 직장을 때려치우고 싶은 마음이 한 두 번이 아닐 것이다. 가정을 책임져야 하는 가장으로써 때려치우고 싶어도 그렇게 하지도 못한다. 가정이 있다는 것은 혼자만의 삶이 아니기에 더욱

좋은 운을 부르는 방법

힘든 것이다. 이럴 경우에 힘들어 하는 남편을 위해 아내가 해줄 수 있는 방법이 있다. 아내는 매일 음식을 한다. 가족을 위해 음식에 사랑을 듬뿍 담는다. 사랑이 듬뿍 담긴 음식이 남편에게 맞는 음식이라면 더욱 빛을 발할 수가 있다. 이건 남편뿐 아니라 가족 모두에게 해당이 된다. 지혜로운 아내와 엄마가 되는 방법이기도 하다.

"여보 나 힘들어, 회사 그만 둘까?"
이 순간 아내들은 이런 말을 하게 된다.
"지금 그만두면 어떡하라고? 애들은? 조금만 참아봐."

나 또한 사주팔자를 모를 때는 이렇게 대답을 하곤 했었다. 그러나 사주팔자를 공부한 뒤로는 사주적으로 풀어서 남편에게 설명을 해준다.

"올해 운이 직장문제가 있을 수 있어서 그러니 조금만 참으면 괜찮아 질 거야."

이러면서 용기를 준다. 실제 사주팔자를 보다보면 한해 운에 직장문제가 나올 때도 있다. 그해 운에 그만 둬야 할 상황이라면 그만두게 해줘야 한다. 억지로 다니게 하는 것보다 낫기 때문이다. 그만 두는 것보다 다니는 것이 나을 경우에는 한해가 시작되는 초에 남편을 위해 남에게 진심어린 나눔을 해주는 것도 좋은 방법이다. 불우이웃 돕기나 사회봉사 활동 등으로 공덕을 쌓으면 최악의 경우는 면할 수가 있다.

사람들이 살아가는 세상은 같은 공간에서 살고 있다. 그러므로 대부분이 비슷한 문제로 고민을 안고 상담을 한다. 그 중에서도 남편과 자녀 문제가 주부들에게서는 가장 큰 고민 중에 하나다. 사연들을 듣다보면 안타까운 사연도 많다.

생활 속에서 주부로써 가족을 위해 할 수 있는 방법은 음식을 제대로 먹이는 것이다. 이 음식만이라도 잘 먹는다면 운도 조금씩 풀릴 수가 있다. 사람에게는 자기에게 맞는 보디가드 음식이 있다. 반면에 자주 먹으면 안 되는 '나의 길을 얼어붙게 하는 음식'도 있다. 각 띠를 보고 평소에도 이런 음식으로 요리를 해준다면 생활역학으로써 도움이 될 것이다. 남편이 힘들어 할 때 그날 저녁은 이 음식으로 저녁을 차린다면 남편의 기운을 북돋아 줄 수 있을 것이다. 아내로써 할 수 있는 가장 쉬운 방법이기도 하다. 누구나 음식은 다 하는 것이기 때문에 조금만 신경 쓴다면 얼마든지

좋은 운을 부르는 방법

남편과 자녀를 위해 도움이 될 것이다.

※153p Tip참고, 〈띠별 맞는 음식과 맞지 않는 음식〉

● 남자는 가을바람 여자는 봄바람 왜 불까?

봄이 되면 봄바람이 살랑살랑 불어온다. 그 봄바람에 설레는 여자들이 많다. 알록달록한 색깔의 옷도 입어보고 립스틱도 다양하게 발라보고 코 속으로 들어오는 봄의 향기에 취해서 이곳저곳 나들이도 가고 싶어진다.

봄은 양(陽)의 기운이 올라오는 계절이다. 여자는 음(陰)이기에 양(陽)을 반긴다. 남자는 양(陽)이다. 그러므로 여자는 남자를 반긴다. 결혼한 여자들은 남편이 있어도 겨울 동안 과도하게 쌓여 있던 음(陰)의 기운을 양(陽)의 기운으로 보충하기 위해 더 양(陽)을 반긴다. 그래서 봄바람이 나는 것이다. 봄바람이 날 여건이 주어지면 스르르 무너지기도 한다.

반대로 가을은 음(陰)의 기운이 들어오는 계절이다. 남자는 양(陽)이다. 그러므로 남자는 음(陰)의 기운을 가진 여자를 반긴다. 여름내 양기(陽氣)가 뻗어나갔으니 거두어 감춰야한다. 그래서 남자는 가을에 가을바람이 나는 것이다. 거두어 들여야 하므로 인해 남모를 사랑을 하는 것이다. 미혼에게는 아주 좋은 현상이지만 기혼자에게는 아주 좋은 현상이라고 하면 욕먹는다. 한마디로 바람 피울 확률이 높아지기 때문이다.

내 배우자가 코에 봄바람 가을바람이 들어간다면 콧구멍을 막을 수도 없고 미칠 노릇이다. 그렇다고 콧구멍으로 바람이 들어가는 걸 눈치백단은 알 수가 있겠지만 대부분 모를 수도 있다. 이 원리를 안다면 봄에는 아내에게 가을에는 남편에게 평소보다 따뜻한 사랑을 좀 더 준다면, 아내에게서 음(陰)의 기운을 더 받고 남편에게서 양(陽)의 기운을 더 받는다면, 굳이 바깥에서 음기양기(陰氣陽氣)를 채우려고 하지 않을 것이다.

이것은 인간의 본능이다. 사계절 속에서 느낄 수 있는 삶에 대한 본능인 것이다. 부족한 걸 채우려고 하는 것이 바로 음양이고 그것이 우리가 추구하는 바이기도 하다. 남자는 여자를 추구하고 여자는 남자를 추구하고 지극히 당연한 일이지만 이미 추구하여 완성된 하나의 완성체에서는 음양이 무너지는 결과가 된다.

바람을 피울 수 있는 사주가 있다. 남자일 경우에는 재성이 여자가 된다. 재성에도 정재와 편재가 있는데 정재는 본부인을 말하고 편재는 애인을 말한다. 정재를 본부인 즉 본처로 말하는 이유

는 음양이 틀리기 때문이다. 음양이 틀리다는 말은 일간이 양일
간*이면 재성이, 음일간일** 경우에 음양이 서로 맞으므로 인해 본
처가 되는 것이다. 편재는 일간과 음양이 같은 것을 말한다. 음양
이 같다는 것은 제대로 음양이 조화를 이루지 못한 것이 되기 때
문에 편재가 되는 것이다. 조화를 이룬 것은 정상적인 것이고 조
화를 이루지 못한 것은 정상적이지 못하기 때문에 정재와 편재가
본처와 첩이 되는 것이다. 첩은 정상적인 관계가 아니기 때문이
다. 사주에 정재와 편재가 함께 섞여서 많을 때에는 바람을 피울
수가 있는데 일지에 정재가 있다면 애인보다 아내를 더 중요시하
고, 편재가 일지에 있다면 아내보다 애인을 더 예뻐할 수가 있다.
그러나 요즘 시대에는 그렇게 보기보다 여자가 많은 곳에서 일을
하든지, 여자를 상대로 일을 하는 경우가 많다.

　여자인 경우에는 관성이 남자다. 관성에는 정관과 편관이 있는
데 정관은 남편이고 편관은 애인이 된다. 여자 사주에 정관과 편
관이 섞여있는 것을 가장 안 좋게 본다. 이 또한 여자가 남자 많은
공간에서 일을 하든지 남자를 상대로 일을 하는 경우도 많다. 그

---

* 양(陽)일간 : 甲, 丙, 戊, 庚, 壬 일간을 말한다
** 음(陰)일간 : 乙, 丁, 己, 辛, 癸 일간을 말한다

러므로 이런 경우를 다 바람을 피운다고 말하기는 힘들다. 여자 사주에 비견과 겁재가 많이 있을 경우에 관성인 남자 입장에서는 비견이 재(財)가 되므로 본인 외에 친구나 다른 여자들을 좋아할 수가 있게 된다. 그래서 여자 사주에 비견과 겁재가 많으면 남자가 바람을 피운다는 말이 있는 것이다. 남자 사주에서도 마찬가지다. 비견과 겁재가 많으면 나와 같은 친구나 동기가 나의 재물을 탐내고 가져가니 좋지가 않다. 항상 재물에 대한 경쟁에서 신경을 곤두서야 한다. 빼앗길 수 있는 여건이 자주 생기기 때문이다. 친구에게 여자 친구를 소개해줬더니 어느 날 그 친구의 여자 친구가 되어 있는 경우도 있다. 반면에 빼앗아 오기도 하므로 친구의 여자 친구를 내 여자 친구로 만들기도 한다. 이것을 재물이라고 생각한다면 내 재물을 타인에게 빼앗기기도 하니 남들과 동업이라든지 보증이라든지 이런 것을 하면 안 된다. 남편의 사주에 비견과 겁재가 많다면, 항상 아내로써 이런 부분을 신경써준다면 도움이 많이 될 것이다.

자오묘유(子午卯酉)가 도화살이라고 하는데, 사주에 자오묘유가 많을 경우에도 풍류를 즐기므로 마음속에 항상 정을 그리워 할 수가 있다. 사주에 합이 많으면 다정하여 이 사람에게도 정을 주고 저 사람에게도 정을 줄 수가 있다. 천간 합에는 갑기(甲己) 을경(乙庚) 병신(丙辛) 정임(丁壬) 무계(戊癸) 합이 있다. 사주에 이런 합이 많다면 다정다감할 수가 있는데 여자 사주에서는 이렇게 합이 많은 걸 꺼려한다. 지지 속에 천간이 들어있는데 이것을 지장간이라고 한다. 지장간 속에 들어 있는 천간이 사주에 드러나 있는 천간과 합을 이루고 있을 때 이것이 재성과 관성과의 합이면 바람을 필 수가 있다. 을(乙)일간의 여성이 있을 경우 천간에 을(乙)이 있고 지장간에 경(庚)이 있을 경우 을(乙)일간 입장에서는 경(庚) 남편이 되고 을(乙)은 친구가 된다. 남편이 친구와 합을 이루고 있으니 다른 여자와 다정하게 된다. 이럴 경우에 남편이 한 눈을 팔수가 있는 것이다.

예를 들어 일간이 庚(경)금일 경우에 아내는 乙(을)목이 되는데 지지에 卯(묘)가 있고 천간에 일간 외 庚(경)금이 또 있다면 卯(묘)의 지장간에 甲(갑)과 乙(을)중에 乙(을)이 庚(경)금과 합을 한다. 따라서 내 아내가 다른 남자와 합을 하므로 인해 남몰래 바람을 필 수가 있는 것이다. 몰래한 사랑은 충(冲)이 올 때 들통이 나기도 한다.

지장간은 아래와 같다.

지지	子	丑	寅	卯	辰	巳	午	未	申	酉	戌	亥
지장간	壬癸	癸辛己	戊丙甲	甲乙	乙癸戊	戊庚丙	丙己丁	丁乙己	戊壬庚	庚辛	辛丁戊	戊甲壬

　사주를 공부한지 2년 쯤 되었을 것이다. 그때 아는 분의 소개로 한 여성의 사주를 봐줬다. 천간과 지장간이 합을 이루고 있고 그것이 관성과 비견의 합이었다. 그 여성에게는 말하지 않았고 소개 해준 사람에게 "이 말은 도저히 할 수가 없어서 못했는데 남편분이 바람을 피우고 있는 것 같으니 한번 살펴보라고 말 좀 해 주세요."라고 말했다.

　이때에는 공부한지 얼마 되지 않아서 그런 말을 쉽게 해 줄 수가 없었다. 소개 해준 사람에게 대신 전해 달라고 했던 것이었는데, 그 당시 그 여성분은 믿지 않았었다. 세월이 지나 2017년 쯤 그 여성분 소식을 듣게 되었는데 그때 남편이 실제 다른 여자와 불륜관계를 가지고 있었다고 한다. 결국에는 들통이 나서 난리가 났지만 이혼하지 않고 살고 있다고 한다. 사주를 공부하면서 배운 것이 그대로 적용되어 맞을 때는 신기함을 감추지 못한다.

---

* 식신 생재 : 식신이 재성을 생해주는 것

2013년도에 상담한 부부의 사주를 보면서 남편이 잠시 화장실 간 사이에 아내 분에게 남편사주를 보고 한 나의 첫마디는 "남편 분은 여자를 조심하셔야 합니다. 아내 외에 여자를 만나면 재물이 들어오지 않아요." 라고 했더니 "안 그래도 벌써 바람 폈어요." 라고 말을 하는 것이다. 그 남성의 사주가 식신 생재*하는 사주였다. 일지에 편재가 있고 지지로 편재를 식신이 생해주는 그런 모습이었다. 남편은 사업을 하는 분이였는데 사주에서는 재물과 여자를 동일시한다. 그래서 재물이 늘어날수록 여자가 자꾸 들어붙는 이치가 여기에 있다. 그럴 때 아내 외 여자를 보기보다 일에 몰두 한다면 재물을 벌어 들일수가 있다. 만약 여자를 취한다면 재물은 그 여자로 인해 나가버리게 된다.

● 내 사주에서 남편·아내의 운이 안 풀린다

부부가 결혼을 하면 하나가 된다. 부부 일심동체다. 그러므로 결혼을 하면 그 상대방 사주 속의 배우자 모습으로 바뀌게 된다. 예를 들어 여성 사주에서 배우자가 戊(술)토속의 丁(정)화라면 결혼하기 전에는 전혀 하지 않았던 일을 남편이 직업으로 가지게 되기도 한다. 庚(경)금일간 입장에서 丁(정)화가 배우자인데 천간에 드러나지 않고 지장간 속의 戌⁽술⁾토속 丁⁽정⁾화로 자리 잡고 있다면 戌⁽술⁾토는 뜨거운 열기를 안고 있는 용광로와 같기에 보일러로도 본다. 그리고 丁⁽화⁾는 전기로도 본다. 이 여성의 남편은 한 번도 경험해보지 못한 전기 관련된 일을 직업으로 삼게 되었다. 또한 남성 사주에서 亥⁽해⁾중에 甲⁽갑⁾목이 아내이고 남성 사주에 水가 많다면 이 아내는 이 남성을 만나서 결혼한 후 술을 잘 마시게 되기도 한다. 그리고 亥亥⁽해해⁾형이라는 형살을 함께 가지고 있으면 의료 관련 직업을 가진 여성을 만나기도 한다. 이렇듯 사주에서 내 배우자가 다 나타나게 되어 있는데 그러면 남편의 아내 일이 안 풀리는 것이 남편본인 잘못인가? 아내본인의 잘못인가? 이 부분에 대해 생각해 볼 여지가 있다.

부부는 서로를 사랑도 하고 원망하며 산다. '잘 되면 내 탓, 못되면 네 탓'을 하며 살기도 하고 기쁨이 있을 때는 어느 누구보다도 더 기뻐해 주기도 하며 서로 살아가는 것이다. 그러나 일이 잘 풀리지 않을 때는 작은 말에도 서로가 싸우기도 한다.

"너 만나고 나서 되는 일이 없다." 라는 말도 '사주를 알고 말하는 것인가?' 하는 생각이 들 때도 있다.

2018년 어느날 미용실에 머리를 손질하러 가는 길이었다. 길을 걷고 있는데 전화벨이 울렸다. 번호를 보니 아는 분이였다.

"저희 남편이 올해 너무 안 풀려요." 전화기 넘어 답답함을 안고 있는 목소리가 들렸다. 아는 분이고 자주 사주를 봐 줬기에 사주를 외우고 있었다. 임술(壬戌)일주에 월주가 무술(戊戌)월인 여성분이었다. 일간이 水(수)일 때는 土(토)가 남편이 되는데 무술년이므로 인해 남편이 첩첩산중에 갇혀 있는 모습이었다. 그러니 남편이 안 풀릴 수밖에 없다.

"남편이 무능해서도 아니고 올해 운에 남편 하는 일이 잘 풀리지 않아서 그래요. 내년에는 좀 나아지니 그동안 남편하고 절에 다니시고, 그 중에서 용궁사를 가서서 불공도 드리면서 남편을 위해 기도해 보세요." 이렇게 말해줬다.

용궁사의 용은 辰(진)토*가 되므로 갇혀있는 남편을 조금이라도 해방시켜주기 위해 그곳에 가서 기도하라고 말 한 것이다. 큰 돈을 써서 기도하는 것이 아니라 그냥 가서 절만하고 와도 괜찮다. 그곳에 가는 것만으로 의미가 있기 때문이다. 남편의 일이 잘 안

---

* 辰戌冲(진술충)을 활용한 것이다. 일종은 개운법이다. p211~212참고

풀린다고 원망하기보다는 '내 사주에서 남편의 운을 막고 있지 않나' 하는 생각과 함께 이럴 때는 원망보다 남편과 아내를 위해 어떻게 할 것인가를 먼저 생각한다면 오히려 좋을 수가 있다. 생각하다보면 답을 찾을 수가 있기 때문이다. 그래서 사주를 배우면 내 가족들에게 도움을 조금이나마 줄 수 있어 좋은 것이다.

　남을 원망하지 않을 수 있고 그것으로 인해 서로가 인정해주고 이해해 줄 수 있는 관계가 되니 얼마나 좋은가. 이것은 배우자에게만 국한된 것이 아니다. 자식과의 관계에서도 마찬가지다. 내 사주에 자식의 어려움이 나오면 자녀를 위해 할 수 있는 방법을 찾으면 된다. 어떤 방법으로 찾아야하나? 이건 사주마다 틀리다. 기도를 해도 되고 남을 위해 봉사를 해도 되고 책을 자주 읽어도 되고 여러 가지가 있다. 앞에 예시한 먹는 음식으로도 가능하다. 사주를 공부하다보면 스스로가 내 가족의 것은 알게 된다. 타인의 것까지 알기에는 우리의 힘으로는 부족할 수가 있지만 내 가족의 것은 알 수가 있다. 이것은 신이 주신 '삶의 안내서'의 부록과 같은 것이다. 사주 공부를 하게 된 것은 삶의 안내서와 부록을 미리 읽어서 모르는 것을 알아내는 것과 같다. 이 글을 읽는 순간 이제 남편 원망, 아내 원망은 접어 두도록 하자. 그래야만 좋은 일도 생길 수 있기 때문이다.

● 부부인연은 어떻게 맺어지나?

부부는 하늘에서 내려 준 특별한 관계다. 원수를 만날 수도 있고 두 번 다시는 오지 않을 귀인을 만날 수도 있다. 요즘 뉴스를 보면 이혼한 전처를 찾아가서 살인을 저지르고, 아내를 때리고, 남편을 독살하는 등 무시무시한 부부 이야기들을 접할 때가 있다. 이런 뉴스를 볼 때면 저 사람들은 어떤 인연으로 만났기에 저렇게 무섭게 살인까지 저지르게 되는 것일까? 하며 사주를 떠올려 보기도 한다.

2011년도에 인연법*을 배우면서 나에게 주어지는 인연이 한명이 아니라는 것을 알게 되었다. 결혼을 할 상대가 2~3명은 된다는 것이다. 그 중에서 내가 선택하는 것이라고 했다. 만약에 선택을 해서 결혼을 했다면 남은 인연은 살면서 나타난다고 한다. 그것이 바로 불륜의 시작이 되기도 하겠지만 바람 피울 사주가 아니

---

* 인연법 : 사람과 사람간의 인연을 보는 법

면 그냥 스쳐가는 인연일 수 있다.

인연법은 태어난 생년을 사주 네 기둥에 넣어서 보는 것인데 배우면서 의문점이 들어 질문한 적이 있다. 예를 들어 어떤 사주에 1971년 신해 생이 남편 인연이라면, 대한민국의 모든 1971년 신해 생이 남편이 되는 것인가? 이런 의문점이 들어서 스승에게 여쭤보니 상대방 사주도 같이 인연이 되면 이루어진다고 한다. 1971년 신해 생 남자 사주와 1970년 경술 생 여자의 사주가 서로가 인연으로 맞이하게 될 때 이루어지는 것이다. 사주를 배우면서 신기한 게 한두 가지가 아니었다. 이렇게 부부인연으로 볼 수도 있지만 타인과의 인연으로도 볼 수가 있다.

사주에는 천을귀인이라는 신살이 있다. 상대방 사주에 나의 천을귀인이 있으면 그 상대방은 나에게 아주 좋은 인연이 되기도 한다. 나에게 아주 잘해주기도 하고 알 수 없는 끌림도 함께 가지게 되는 것이다. 부부인연에서 남편과 아내의 사주에 각각 천을귀인이 들어있다면 서로에게 도움이 되는 정말 좋은 인연이다.

본인에게 부족한 오행을 가지고 있는 상대방도 좋은 끌림이 있게 된다. 예를 들어 나의 사주에 부족한 火⁽화⁾가 상대방 사주에 많다면, 그 상대방에게 끌리게 되어 있다. 반대로 같은 오행을 많이 가지고 있으면 또한 인연이 되기도 한다.

좋은 운을 부르는 방법

천을귀인(天乙貴人)이 사주에 있으면 지혜가 있고 하늘의 도움을 받아서 흉이 사라지는 아주 좋은 길성이다. 그러므로 천을귀인이 있으면 좋게 본다. 단 형충파해* 공망**등 깨어지지 않아야 하지만 인연으로 볼 때 상대방 사주에 나의 천을귀인을 가지고 있으면 도움이 많이 되는 인연으로도 본다. 사주팔자를 뽑아보고 상대방 사주에 나의 천을귀인이 있는지 없는지 본다면 좋을 듯하다.

천을귀인은 아래와 같다

일간	甲戊庚	乙己	丙丁	壬癸	辛
천을귀인	丑未	子申	酉亥	卯巳	寅午

예 사주 예

甲　丁　戊　辛

辰　亥　戌　亥

丁(정)화 일간은 유(酉)와 해(亥)가 천을귀인이다. 위의 사주에서

---

* 형충파해 : 신살의 종류
** 공망 : 비어서 없는것

해⁽亥⁾가 연지와 일지에 들어 있다. 천을귀인이 있어서 그런지 위의 사주의 주인공은 총명하고 지혜가 많다. 그리고 년지에 천을귀인이 있다 보니 부모님 조력도 있다. 일지 배우자 궁에 천을귀인이 있다 보니 배우자가 어질고 순하다.

例 부부의 사주 예

己 辛 己 辛	庚 庚 己 庚
丑 丑 亥 亥 (남편사주)	辰 申 丑 戌 (부인사주)

위의 사주를 보면 부인의 사주가 庚⁽경⁾금일간이다. 경금일간에게 천을귀인은 축⁽丑⁾과 미⁽未⁾이다. 남편사주 일지와 시지에 축⁽丑⁾을 두 개나 가지고 있다. 그러므로 이 남편은 아내를 위해 많은 헌신을 하고 있다. 부부의 사주를 보면 토금수로 이루어져 있다. 없는 오행이 상대방 사주에 있으면 서로가 끌리기도 하고 좋다. 하지만 서로 비슷한 사주끼리도 만나는 것을 알 수가 있다. 이 부부는 성향이 비슷해서 오히려 이것이 장점으로 보여 질 때도 있다. 사주가 비슷해서 성향 또한 같은 것이다. 유유상종이라는 말이 이 부부사주에 적합한 말이 아닌가 싶다.

가족끼리도 천을귀인의 인연을 두기도 한다. 부모와 자식, 자식과 부모 사이에 천을귀인의 띠가 되면 하늘이 정해준 인연이다. 위의 사주의 남편은 신(辛)금일간이다. 신(辛)금 일간에게는 천을귀인이 인(寅)과 오(午)이다. 아들의 사주 또한 신(辛)금일간이다. 그런데 딸의 띠가 호랑이인 寅(인)생이다. 그러므로 천을 귀인의 띠가 되므로 인해 서로 돈독한 사이가 되기도 한다. 딸은 병(丙)화 일간이다. 병(丙)화 일간에게 천을 귀인은 유(酉)와 해(亥)이다. 남편과 아들이 돼지띠다. 그러므로 딸의 천을귀인을 아빠와 오빠가 가지고 있는 것이다. 따라서 이 세 사람은 하늘이 정해준 운명이다.

이렇듯 인연이란 하늘에서 내려준 귀한 관계다. 귀한 관계가 되는 경우도 있지만 아닌 경우도 있다. 악연을 인연이라 생각하고 연을 맺는 경우도 있고, 그 인연으로 인해 고통을 받기도 한다. 사주를 배우고 익히면서 악연을 맺지 않도록 하는 것도 살아가면서 많은 도움이 될 것이다.

이런 경우도 있다. 여자사주에 자식을 낳을 수 없는 사주지만 어떤 남편을 만나냐에 따라서 자식이 생기기도 한다. 남편사주에 자식이 있다면 두 사람이 부부인연을 맺음으로 인해 남편사주의 자식을 낳게 된다. 단지 여자사주에 자식인연이 없기에 자식에 대한 만족도가 떨어질 뿐이다. 그건 내 마음이기에 사주를 알고 자식 인연이 없다면 자식에 대한 집착이나 만족도를 높이기 위해 억지를 쓰지 않으면 된다. 그렇게 살다보면 오히려 흉이 길이 되어 더 좋은 삶을 살 수 가 있을 것이다.

'내려놓기.' 이 마음만 가진다면 자식에 대한 만족도를 높이려 하지 않으므로 인해 모든 것을 이해 할 수가 있다.

인연을 소중히 생각하며 이 책을 읽음과 동시에 내 가족의 사주를 들여다 봤으면 한다. 나로 인해 힘들어 하는 가족이 있지 않나 생각해보는 것도 좋을 것 같다.

● 조상인연은 잘 안 헤어진다

대구에 계신 강용건 선생님께서 상담한 사주 중에 나와 같은 사주의 여성분이 상담하러 오셨다고 한다. 그 여자 분은 남편에 대한 불만이 아주 많았다고 한다. 나 또한 남편에 대한 불만은 있다. 그러나 어떤 남편을 만나느냐에 따라서 불만이 해소되기도 한다. 나와 사주는 같지만 이 여성분은 연상의 남편 갑진생을 만났다고 한다. 시지에 있는 띠를 만나기도 하기 때문이다.

시	일	월	년
庚	庚	己	庚
辰	申	丑	戌

이 사주를 보면 태어난 시가 경진(庚辰)시이다. 태어난 시는 자식 궁도 되고 자식과 배우자가 연결되어 있으니 태어난 일 뿐 아니라 시도 배우자로 보기도 한다. 태어난 일과 시를 연결하여 배우자를 추론하기도 하기 때문이다. 태어난 시지의 띠가 배우자로 오기도 하기 때문에 같은 사주라도 배우자가 틀려지기도 한다. 나 같은 경우는 남편이 신해(辛亥)생이다.

신해(辛亥)생의 해(亥)는 재의 장생지이기도 하다. 재의 장생지라는 말은 십이 운성으로 재물이 생지에 있다는 뜻이다. 재물이 생지에 있다는 것은 재물이 계속 나온다는 뜻이기도 하다. 그래서 남편 만나고 결혼 한 뒤로 결혼 전보다 생활이 점점 좋아졌다. 거기에 나의 사주는 물이 필요하다. 돼지는 물이다. 내 사주의 많은 기운을 흘려보내야하는데 물이 쓰인다. 그 물이 남편의 띠가 된다. 또한 사주에 나의 천을귀인을 두 개나 가지고 있으니 나에게는 좋은 인연이 되는 것이다. 물론 불평불만이 없는 것은 아니다. 그건 나의 사주가 강하다보니 어쩔 수 없는 부분인데 그것을 다

받아 주는 것이 남편이기에 25년 째 살고 있다.

갑진생 남편을 둔 여성분도 불만은 있어도 삶이 나쁘지는 않을 것이다. 저 사주에서 갑진생이 나쁜 인연이 아니기에 괜찮을 것이기 때문이다.

같은 사주라도 배우자 인연을 어떻게 만나냐에 따라 삶이 달라지기도 한다. 사주에 있는 인연을 만날 때는 조상의 인연으로 만난다고 볼 수가 있다. 태어난 년과 월은 조상과 부모이고 태어난 년은 할아버지급 이상이다. 태어난 일의 띠를 만나기도 한다. 을미(乙未)일에 태어난 여성이 있는데 이 여성분은 을미(乙未)생 남편을 만났다. 이렇게 본인 사주에 있는 지지의 띠를 만나게 된다면 조상의 인연으로 볼 수가 있는 것이다. 이것은 부부만이 아니다 자식과의 관계, 시댁과의 관계에서도 보여 지기도 한다. 나의 태어난 시가 경진(庚辰)시이다. 태어난 시를 시댁으로도 볼 수가 있는데 시아버지의 띠가 경진(庚辰)생이다.

부부의 인연뿐만이 아니라 인연으로 맺어 질 수 있는 모든 관계에서 해당이 된다. 조상의 인연으로 맺어진 관계는 대체적으로 잘 헤어지지 않고 서로 의지 하면서 잘 살고 있음을 알 수가 있다. 상담한 사례 중에 이런 경우가 있었다. 딸의 사주에 태어난 시가 정

좋은 운을 부르는 방법

미^(丁未)시였다. 그런데 어머니의 띠가 정미^(丁未)생이였다.

"따님과 어머님은 전생의 인연으로 조상이 연결시켜준 인연으로 만났기에 서로 의지하면서 살아가실 겁니다." 이렇게 말씀 드렸더니 어머니가 눈물을 흘리시면서 다음과 같이 물어보셨다.

"딸이 많이 의지가 되는데 시집가고 나면 많이 허전 할 것 같습니다. 그래도 시집은 보내야 겠죠?"

순간 나에게도 딸이 있으니 이 마음이 그대로 전해지는 듯했다. 특히 이 어머니에게는 조상의 인연이니 더욱 더 애착이 갈 수가 있다.

● 중년에 다이어트는 복을 감소 시킨다

어느 날부터 살이 찌기 시작했다. 마흔 중반을 넘으면서 호리했던 몸은 중년의 통통한 아줌마로 변해있었다. 관상을 공부하면서 '중년에는 살이 어느 정도 있어야 복을 불러들인다'고 배웠지만 현실은 몸이 무겁고 입던 옷이 맞지 않아 다이어트를 결심했다. 살이 찌는 것과 동시에 남편의 운이 잘 풀리고 금전적으로도 여유가 생긴 것은 부정할 수는 없다. 그러나 입던 옷이 맞지 않을 때는 예전의 몸이 그리워진다. 숨쉬기 운동만 하던 나의 몸을 요가와 헬스를 통해 바꾸어 보자는 마음으로 운동을 다녔지만 살은 여전히 빠지지 않고 그냥 건강한 살집 있는 아줌마의 모습을 유지하고 있는 나를 보면서 '이것 또한 나의 운명인가?'하며 받아들이기 시작했다.

신체의 균형 없이 살이 너무 많이 찐 것은 흉하다. 그러나 뼈와 살이 어느 정도의 균형을 맞추며 살집이 있는 것은 좋게 본다. 특히 중년의 여성은 어느 정도의 살집이 있어야 한다.

뚱뚱하다가 아니라 통통한 정도의 살이 있어야 복이 감소하지 않는다. 20대의 마른 몸은 오히려 복을 감소시키고 남편의 운을 쇠퇴시키기도 한다. 비만의 몸은 적당한 살로 빼야하고 마른 몸은 적당한 살로 찌워야 한다. 중년의 여성들이 살을 빼기 위해 운동하는 모습을 보면 거의가 적당한 살들을 가지고 있다. 오히려 마른 몸을 가진 분들을 볼 때면 '살을 좀 찌워야 할 텐데' 하며 속으로 상대방이 원하지도 않는 걱정을 하게 된다. 여자의 귀한 상에도 얼굴은 둥글고 몸은 두텁다고 배웠다. 몸이 비대한 것이 아니라 몸의 살이 균형과 조화를 이루고 있는 것을 말하는 것이다.

남자나 여자나 관상에서 가장 중요시하는 것이 균형과 조화이다. 코가 크면 재물 복이 있다는 말을 관상을 공부하기 전에 많이 들었었다. 그러나 코만 크다고 재물 복이 있는 것이 아니라 광대뼈와 코가 균형이 맞아야 재물 복이 있는 것이다. 코가 크면 광대뼈도 코를 감쌀 정도의 크기가 되어야 한다. 코는 작고 광대뼈만 크면 코가 묻혀 버리니 좋지가 않다. 우리의 몸도 마찬가지다. 뼈와 살이 조화가 이루어져야한다. 뼈는 굵은데 살은 없고, 뼈는 약한데 살은 많고, 이 모든 것이 균형이 맞지가 않다. 적당한 살은 뼈가 굵든지 약해도 조화가 이루어지는 것이니 어느 정도의 살은 유지해야한다.

주위에 보면 60세 이후의 여성분들 중에 아주 마른 분들을 볼수가 있는데 사는 것이 넉넉하지 않고 힘든 것을 볼 수가 있었다. 남편이 애를 먹이지 않으면 자식 걱정으로 살고, 이 또한 아니면 건강이 좋지가 않거나 재물이 좋지 않았다. 아주 최악은 다 해당되는 경우도 있었다. 이런 안 좋은 점이 많은데도 살을 굳이 빼빼마른 여자처럼 만들어야 할까? 생각해 볼 문제다.

살 뿐만이 아니라 여자에게 가장 중요한 것은 피부색이라고 한다. 백옥같이 흰 피부가 좋긴 하지만 너무 하얗고 빛이 나면 살성*을 띄어 남편에게 좋지 못한 영향을 준다고 한다. 손은 통통하고 쌍꺼풀은 없는 것이 좋고 눈썹은 가지런히 누운 것이 좋은데 눈썹은 남자에게도 해당이 된다. 눈썹은 대인관계를 의미하기 때문에 눈썹이 가지런하고 좋으면 대인관계가 원만해진다. 남편의 눈썹이 지저분하면 눈썹정리를 해주는 것도 현명한 아내의 역할이 될 수가 있다. 그래야 남편이 주변의 인덕도 있고 좋은 사람들을 만날 수가 있기 때문이다. 얄궂은 친구를 만나 보증을 서 돈 떼이고 친구의 모략에 휩싸여 나쁜 일들이 생기지 않게 하려면 남편의 눈썹정리를 잘 해줘야 할 것이다. 그러나 남편들이 안하려고 할 것이 뻔하다. "남자가 무슨" 매사 이런 말을 내뱉으며 아내의 진정어린 마음을 무시할 수가 있다. 하지만 그래도 포기하지 말고 눈썹에 사랑이 듬뿍 담긴 아내의 손길을 보내보도록 하자.

여자는 피부가 매끄럽고 향기가 나면서 좋아야한다. 기미가 있으면 없애도록 노력하고 눈 옆이 부부 궁인데 이곳을 항상 깨끗하도록 관리해야 부부관계가 좋아진다. 비싼 옷을 입어서 귀티가 나는 것이 아니라 사람 자체에서 맑음을 유지하면 저절로 귀한 모습

---

* 살성 : 나쁜 기운, 흉한 기운

좋은 운을 부르는 방법

이 되어 남편과 자식에게 덕을 줄 수가 있다.

맑음을 만들고 유지하려면 마음을 곱게 가져야한다. 남이 잘되는 것을 배 아파해서도 안 되고 남과 다툼을 가져서도 안 된다. 뒤에서 남의 흉을 수시로 보는 사람들이 있다. 그런 사람 주위에는 꼭 그런 사람들만 모인다. 그렇게 모이다보면 처음에는 나타나지 않지만 몇 년이 지나면 서서히 나쁜 면이 나타난다. 운이 저절로 쇠퇴해버리는 것이다. 남에게 물질만이 아니라 마음으로라도 진심으로 베푼다면, 이것이 더 크게 돌아와 행복이 두 배가 된다. 급한 일이 있어도 서두르지 않고 차근차근 해결하고 남을 탓하거나 원망하지 않아야 한다. 항상 하는 말이지만 돈을 벌어서 남편에게 도움이 되는 것만이 아니다. 이러한 것을 지키고 가꿀 줄 안다면 돈을 버는 것보다 가정주부로써 남편에게 큰 도움이 되는 것이다. 한마디로 현모양처의 길이 되는 것이다.

지금도 적당한 살을 가지고도 마른 몸을 위해 살을 빼려고 노력한다면 그 시간에 독서를 한 번 더 하든지 남을 위해 봉사를 하는 것이 좋은 운을 끌어 들일 수가 있다.

중년의 나이는 20대의 몸을 가질 수가 없다. 나이에 맞게 사는 것이 중요하다. 절이나 교회나 성당에 가서 백날 비는 것보다 낫다. 절이나 교회나 성당에 가서 기도 할 때도, 예를 들어 아이가 공부를 잘하게 기도하고 싶다면 "우리아이가 공부를 잘하게 해 주세요." 보다는 "우리아이가 공부를 할 수 있는 여건이 되도록 해 주세요." 라고 비는 것이 오히려 효과가 있다고 한다. 이러한 행동 하나하나가 한 가정을 이끌어 가는 주부로써 필요한 부분이기도 하다. 이제부터라도 적당한 살과 체력을 유지하기 위해 운동을 해야 한다. 마음 씀씀이도 곱게 가지고 얼굴에는 온화하고 따뜻함이 느껴지도록 가꾸고 몸과 마음을 단정히 하도록 하여 남편과 자녀를 위해 좋은 아내와 엄마가 되도록 노력해야 한다. 이것이 스스로 운을 좋게 만드는 방법이다.

좋은 운을 부르는 방법

띠별 맞는 음식과 맞지 않는 음식

● 寅午戌 (호랑이, 말, 개)

호랑이띠 말띠 개띠에게는 맛있는 음식을 해주면 좋다. 그 중에서도 양고기가 좋다. 요즘은 양고기를 파는 곳이 꽤 있다. 양고기를 먹지 못한다면 밀가루로 된 음식도 괜찮다. 칼국수, 국수, 부침개 등도 괜찮고 맛있게 음식을 해서 주면 더욱 좋을 수가 있다. 솜씨가 없다면 외식을 하더라도 이런 종류의 식당에 가서 식사하는 것도 좋은 방법이다. 미식가들이 자주 찾는 음식점을 가는 것도 좋다. 꿀물을 타서 먹는 방법도 있다. 미식가의 입맛을 가지면 더욱 좋다. 조미료가 안 좋다고 하지만 호랑이 말 개띠에게는 조미료를 넣은 음식도 도움이 된다. 2018년 현재 97세의 정정한 할머니가 있다. 이 할머니는 개띠다. 이 할머니의 식성을 잘 알고 있다. 고기류는 안 드시지만 조미료는 듬뿍 넣어 드신다. 그래도 정정하게 살고 계신다. 조미료를 먹어서 몸이 나쁜 것은 아니라는 것을 이 할머니를 보고 알 수가 있었다.

호랑이띠 말띠 개띠는 안 좋은 일이나 몸이 아플 때 소고기를 먹으면 안 된다. 죽을 먹더라도 소고기죽은 되도록 피하는 것이 좋다. 대게도 먹으면 좋지가 않다. 대게 먹고 몸이 아프거나 하는 일이 막힌 것 같으면 방생하는 방법을 통해서 안 좋은 것을 풀어 버리는 것도 좋은 방법이다. 나의 띠도 개띠다. 그래서인지 대게를 싫어한다. 대게를 먹고 나면 몸이 좋지가 않았다. 방생을 할 줄 몰라서 작게 생긴 거북이 모형을 사다가 안방에 올려 두었다. 대게 먹고 좋지 않을 경우에 이 방법도 좋을 것 같아서 해봤는데 나름 괜찮았다.

● 亥卯未 (돼지, 토끼, 양)

돼지띠 토끼띠 양띠에게는 생선이 좋다. 생선을 자주 요리해서 준다면 도움이 될 것이다. 생선 종류는 상관없다. 아귀찜, 대구뽈찜, 생선구이, 장어구이 등 먹고 싶은 생선요리를 해서 상에 올린다면 도움이 될 것이다.

돼지띠 토끼띠 양띠는 보신탕을 먹어서는 안 된다. 특히 이 띠의 자녀에게 키 크라고 개소주나 보신탕을 먹이게 되면 좋지가 않다. 만약에 먹였다면 기도를 많이 해주는 것이 좋다. 기도라고 하면 거창할 것 같지만 그렇지 않다. 조용히 집에서 자신이 믿는 종교가 있다면 두 손 모아 기도를 해준다면 안 좋은 것을 풀어 버릴 수가 있다.

● 巳酉丑 (뱀, 닭, 소)

뱀띠 닭띠 소띠는 몸이 안 좋다든지 답답한 일이 있을 때는 가마솥에 푹 끓인 탕 종류를 먹으면 기운이 날 수가 있다. 몸 안에 열을 저장할 수 있는 음식을 섭취한다면 도움이 될 것이다. 따뜻한 탕 종류는 우리 몸을 따뜻하게 해주고 열을 저장하게 해준다. 열 가마솥에 들어간다 생각해 보면 찜질방도 좋다.

뱀띠 닭띠 소띠에게는 생선을 먹는 것은 딱히 좋지는 않다. 이것이 몸에 받고 안 받고의 문제가 아니라 답답하고 운이 풀리지 않을 때 생선 종류는 가급적 먹지 않는 것이 오히려 도움이 되기 때문이다. 몸이 안 좋을 때도 마찬가지다.

● 申子辰 (원숭이, 쥐, 용)

원숭이띠 쥐띠 용띠에게 소고기가 좋은 음식이 된다. 평상시에 소고기와 관련된 음식을 자주 먹으면 좋다. 가슴이 답답할 때 얼음을 먹는 것도 답답함을 해소 할 수 있는 방법이다.

원숭이띠 쥐띠 용띠는 밀가루 음식을 자제해야 한다. 밀가루 음식을 자주 먹다보면 몸도 약해지겠지만 매사 하는 일에 있어서 막힘이 있을 수가 있다. 그러므로 원숭이띠 쥐띠 용띠는 되도록 밀가루와 관련된 음식이나 양고기는 피하는 것이 좋다

개운법은 생활 속에서도 얼마든지 실천을 할 수가 있다. 작은 실천이 쌓이고 쌓여 큰 도움이 되기도 한다. 이런 개운법을 미리 알았더라면 큰 실수를 하지 않았을 텐데 하며 옛날을 회상해본다.

필자가 사주팔자를 공부하기 전에 돼지띠 남편과 돼지띠 아들을 위해 개소주를 주문한 적이 있었다. 그 당시에는 사주팔자를 공부를 하지 않았기에 단지 개소주가 몸에 좋고 아들 같은 경우는 키도 클 수 있다는 맹목적인 믿음 하나로 주문하여 먹였던 것이다. 하지만 결과는 좋지 못했다. 아들은 다쳐서 오고 남편은 안 좋은 일에 휘말리고 만약 그 당시에 이 공부를 해서 알았더라면 개소주를 주문하지 않았을 것이다. 가장 후회하는 일 중에 하나이기도 하다. 이렇듯 생활 속에서 모르고 저지른 행위들이 안 좋은 결과를 낳게 되는 경우가 종종 있다.

3장

한 해의 운을
알아보는 법

1

運

산수를
보는 이유

한 해의 운을 보기 위해 신년초가 되면 철학관이나 무속인을 찾아 가서 신수를 보기도 한다. 신수를 보는 이유는 한 해 동안 일어날 일을 미리 예측해서 조심해야 할 것이 있다면 '돌다리도 두들겨보고 간다'는 옛 속담처럼 조심하기 위해서다.

한 해의 운을 본다는 것은 쉬운 일은 아니다. 한 해의 운을 연운이라고 한다. 사주를 공부하게 되면 '연운을 잘 봐야 고수'라는 말이 있다. 연운보다는 월운을 더 잘 봐야 하는데 이게 결코 쉬운 일은 아니다. 수많은 임상을 통해서 얻을 수가 있는데 이 장에서는 간단하게 육친으로 볼 수 있는 방법을 적으려고 한다.

육친을 한자로 쓰면 '六親' 이렇게 쓰이는데, 이 뜻은 여섯 개의 친한 것이 된다. 우리에게 친한 것은 가족이다. 그래서 가족에게 붙여지는데 '부 · 모 · 형제 · 남편 · 처 · 자녀' 이렇게 나누어진다. 이것을 음양으로 나누면 열 개의 십신(十神)이 나온다. 열 개의 십신이 '비견 · 겁재 · 편재 · 정재 · 식신 · 상관 · 정관 · 편관 · 편인 · 정인*이 된다.

이 십신이 매년 오는 운에서 나의 사주 일간에게 어떤 십신인지에 따라 그 해 운을 알 수가 있다. 비견 운이 올 경우에 어떤 일이 일어나는지에 대해 알 수가 있고, 편관 운이 올 때 어떤 일이 일어날지 유추가 가능한 것이다. 예를 들어 이런 사주가 있을 경우에

癸	丙	丁	戊	
巳	子	巳	寅	(여자)

이 사주는 여성의 사주이다. 2018년 무술년은 병(丙)화 일간에게는 식신이 된다. 왜 식신이 되는지는 1장에 표가 있으니 그것을 보면 된다. 일반인도 보면 알 수 있도록 적다보니 육친표출 방법

---

* 제1장에서 십신을 나눈 표가 있으니 참고 하기 바란다.

은 적지 않았다. 표로 간단하게 볼 수 있도록 했으니 그것을 참고해서 보면 쉬울 것이다.

그럼, 이 사주의 2018년 무술년은 식신이 오는 운이다. 식신은 여자에게 자식도 되지만 나를 표출하고 꾸미는 것도 된다. 그리고 식신을 한자로 쓰면 食神(식신)이 되는데 食(식)은 밥식이다. '밥에 신이 붙었다'는 뜻은 '먹을 것이 풍족해진다'는 의미다. 먹을 것이 풍족해진다는 것은, 이 사주의 여성이 많이 먹게 되니 살이 찔 수도 있고, 또 잘 먹으니 아픈 것이 치료 될 수도 있는 것이다.

이런 식으로 십신을 해석해서 한 해 운을 본다면 내 가족의 운을 볼 수가 있다. 이 사주의 여성이 딸이라면 많이 먹어 살이 찔 수 있으므로 미리 식단조절을 해주는 것도 좋다. 이런 것을 알기 위해 한 해의 신수를 보는 것이다. 미리 예방하고 조절하기 위해서 보는 것이다.

2
運

비견과
겁재 운 일 때

비견과 겁재는 음양이 서로 다른 것이다. 비견은 양(陽)이고 겁재는 음(陰)이다. 甲(갑)일간이 있을 경우 천간에 갑(甲)은 같은 양(陽)이니 비견이 되고 을(乙)은 음(陰)이니 겁재가 된다. 지지도 마찬가지다. 인(寅)은 양(陽)이니 비견이 되고 묘(卯)는 음(陰)이니 겁재가 된다.

비견은 일간과 같은 양(陽)이고 비견을 한자로 쓰면 比(견줄비)肩(어깨견)이 된다. 어깨를 견주는 사이를 비견이라고 한다. 어깨를 견주는 관계는 형제자매 친구 동기 사회생활 할 때 만나는 나와 동등한 위치에 있는 사람들을 말한다. 그러므로 비견이 많으면 친구나 형제 등으로 인해 경쟁관계를 가져야 할 경우가 많다. 그래서 비견은 지기 싫어한다. 자존심 또한 강하다. 모든 일에 있어서 자기 위주의 생활을 추구하고 남에게 의지하는 것을 싫어한다. 입바른 소리를 잘해서 주위에서 욕먹을 때도 있지만 책임감은 강하다. 타인에게 욕먹는 것을 싫어하므로 일처리 또한 깔끔하게 잘 하는 사람이다. 주변에 친구가 많고 인기도 있다. 그런 반면에 오히려 주변인들로 인한 피해도 함께 가지고 있다. 독립적인 것을 좋아하므로 혼자서 자립적으로 하는 일들이 많다.

비견이 많으면 남의 지배를 받는 것을 싫어하므로 직장생활에서 어려움이 있을 수 있다. 불의를 보면 참지 못하고 강자에게는 강하고 약자에게는 도움을 주는 의리가 있기도 하다. 사주에서 일주, 즉 태어난 일이 비견일 때 여자는 남편과의 불화가 있을 수가 있는데 이 또한 사주를 전반적으로 보고 판단해야 한다.

이 명리학이 옛날부터 내려 온 거라 여자들에게는 관대하지 못했다. 유교사상이 가득했던 시절에는 여자가 감히 남편에게 대들고 하는 일이 있을 수 없을 뿐 아니라 내조만 해야 했고 자기주장을 펼치면 안 되기에 나쁘게 보았다. 궁합 볼 때도 사주에 비견으로 일주가 되어 있으면 꺼려했다. 그러나 이제 시대가 바뀌어 여성이 사회생활을 많이 하기 때문에 이런 면에서 현시대에는 좋은 쪽으로 작용을 하기도 한다.

일주가 비견인 일주는 다음과 같다. 갑인(甲寅)·을묘(乙卯)·무술(戊戌)·무진(戊辰)·기미(己未)·기축(己丑)·경신(庚申)·신유(辛酉) 지지에 비견을 가지고 있다. 이것을 '간여지동'이라고 한다. 자기 주장이 강하고 고집이 세다하여 여자 사주에서 꺼리기도 한다. 앞서 말한 바와 같이 지금은 그렇게 봐서는 안 된다. 그러나 고집이 세고 자기주장이 강한 것은 예나 지금이나 같다. 단지, 여자 사주에 있어서 나쁘게 보는 것은 하지 말아야한다는 뜻이다. 자기개발 추진력 등 좋은 면도 많기 때문이다.

요즘은 여성시대다. 이 시대에는 활동적이어야만 성공할 수가 있으므로 비견이 꼭 필요하기도 하다. 비견이 없는 사람은 우유부단하여 이리 끌려가고 저리 끌려가고 추진력 또한 약하기에 지금 시대에서는 오히려 비견이 하나쯤은 있는 것이 좋다고 보면 된다.

비견이 한 해의 운에서 올 때는 사주에서 좋고 나쁨을 떠나 일어날 수 있는 일들이 있다. 일단 비견은 형제 친구 동기 사회생활에서 만난 지인들이 되므로 그들이 운에서 들어 오는 것이니 대외적인 활동이나 친구 동기 형제 등과 아울러 일을 진행할 수도 있다. 이것에 좋고 나쁨은 내 사주에 비견이 많다면 부담으로 올 수 있으니 되도록 하지 않는 방향이 좋다. 내 사주에서 비견이 없어서 그동안 일을 하기 힘들었다면 그들을 발판 삼아 앞으로 나아가는 운이 될 수 있으므로 함께 하는 것도 좋다. 남들과 함께 일을 도모하다보면 지출은 자연스럽게 따른다. 그래서 지출이 심해질 수가 있다. 어떤 단체나 모임을 가지게 될 수가 있고 대인관계가 원만해질 수가 있다. 단지 이것도 나의 사주에서 비견이 많을 때와 없을 때나, 비견이 한 개 정도 있을 때를 함께 보면서 판단해야 한다. 많다면 나쁘게 작용할 것이다. 적다면 도움이 되기도 하기 때문이다. 믿는 사람에게 배신을 당할 수도 있다. 믿는 도끼에 발등 찍히듯이 당할 수도 있다. 동업이라든지 이런 것도 잘 판단해서 해야 한다. 비견 운이 오면 이러한 일들이 일어날 수가 있기에 그런 조건이 주어지면 본인도 모르게 거기에 가담하게 되므로 한 번 더 신중하게 판단해서 결정을 내려야 한다.

직장인이 승진을 하려고 한다면 비견은 내 동기 친구 내 경쟁자가 되므로 경쟁자로 인해 치열하게 전쟁을 치르듯이 해야 하므로 어느 때보다 더 열심히 경쟁에서 이길 수 있도록 노력해야 한다. 나와 음양도 같고 오행도 같은 비견이 올 때는 나를 밀어 내니 이동 운이 있을 수가 있다. 어깨를 견주다보니 어깨 힘에 밀려 이동을 할 수가 있으므로 이사나, 직장 변동 등의 일이 생길 수가 있는 것이다. 여성일 경우에 관성이 비견과 합을 이룰 경우 나의 남자를 다른 여자에게 뺏길 수가 있다. 예를 들어 丁(정)화 일간일 경우에 남편은 임(壬)수이다. 그런데 천간에 丁(정)화 비견이 하나 더 있을 경우 남편 임(壬)수가 내 친구와 합이 되니 내 남편 내 연인을 뺏길 수가 있는 것이다. 아니면 임자 있는 남자를 만날 수가 있는 것이다. 운에서 올 때 특히 잘 봐야한다.

겁재는 일간과 음양이 틀리다. 갑(甲)일간 경우 갑(甲)은 양(陽)이므로 을(乙)은 음(陰)이 된다. 그러므로 을(乙)이 겁재가 된다. 이렇게 음양이 틀린 것이 겁재다. 지지로는 묘(卯)가 음(陰)이다. 그러므로 겁재가 되는데, 이 겁재를 지지로는 양인(羊刃)이라고 한다. 지지에 겁재를 양인이라고 하는데, 이 양인도 양일간과 음일간에 따라 의견이 분분하다. 여기는 사주를 모르는 사람들도 볼 수 있게 적었으므로 거기에 따른 설명을 논하지는 않고 '양인이 있으면 재앙이 많다'는 정도로만 적을까한다.

양인이 좋지 않은 이면에 좋은 점도 있긴 하다. 양인이 있어도 칼을 다루는 직업이나 기술 분야에서는 오히려 좋은 기술을 연마할 수가 있다. 기술이 뛰어나다. 단지 성격이 흉폭해서 잘못 빠지면 깡패나 폭력을 휘두를 수가 있다.

태어난 일에 양인이 있는 경우는 丙午(병오)일주와 壬子(임자)일주, 戊午(무오)일주이다. 이 일주는 성격이 아주 강하다. 남자라면 부인을 극(剋)하니 배우자궁에 양인이 있으므로 인해 부인의 몸이 아플 수도 있다. 생활전선에 뛰어 들어 가정을 책임 져야하는 경우도 많다. 사주를 상담할 때 이 일주들을 보면 대체적으로 아내들이 힘들어했다.

겁재를 한자로 쓰면 劫財(겁재)로 쓴다. 재물을 빼앗는다는 뜻이다. 그러므로 겁재가 사주에 많으면 아버지가 안 좋아 질 수가 있다. 아버지는 편재이다. 재물을 극하니 아버지가 안 좋아질 수가 있고, 재물은 아내가 되므로 아내 또한 힘들어 질수가 있다. 한탕주의에다가 유흥을 즐기니 도박이나 술에 빠지기 쉽고, 그렇다 보니 재물의 손실을 많이 가지게 될 수가 있다. 직장 생활은 맞지가 않다. 그래서 직장생활 하는 내내 "그만둬야지" "내 사업을 해야 하지"라는 말을 입에 달고 산다. 자존심과 의협심은 강하지만 낭비심과 지출이 심하다. 다른 사람들과 어울려서 노는 것은 잘한다. 하지만 막상 화합하고 나면 삐거덕 거리기가 일쑤다. 사회 활동력은 강하지만 가정에는 충실하지 못하다. 그래서 부부사이가 좋지가 못하다. 일의 추진력은 비견 못지않게 좋지만 타인과 공동으로 하는 사업, 즉 동업 등으로 인한 금전손실이 많이 생기기도 한다. 애정문제도 많이 일어날 수가 있다. 하지만 추진력과 배짱

좋은 운을 부르는 방법

이 좋으니 사업을 할 경우 의외로 성공을 거두는 사람도 있다.

재주는 뛰어나지만 욕심과 질투심도 많아서 남에게 지기 싫어한다. 정도 많아 이성 문제로 인해 고통이 따를 수도 있다.

사주에 겁재 하나 정도 있는 것은 나쁘지가 않다. 그것은 프로로 가게 해주는 길과 같기 때문이다. 그러나 많다면 문제가 되니 항상 자신을 잘 다스려야한다.

남자일 경우 겁재가 천간이나 지지에서 재성과 합을 하면, 재성은 여자이니 내 여자가 다른 남자와 정을 통하는 것이 된다. 따라서 내 여자를 빼앗길 수가 있다. 아니면 임자 있는 여자를 만날 수도 있다.

앞에서 천간 합에 대해 적은 것이 있지만 이 장에서는 천간과 지지의 합을 표로 표시하고자 한다. 이것을 참고해서 봐주면 좋겠다.

천간 합	甲己(土)	乙庚(金)	丙辛(水)	丁壬(木)	戊癸(火)
지지 합	子丑(土)	寅亥(木)	卯戌(火)	辰酉(金)	巳申(水)	午未(火)

천간 합과 지지 합이다. 갑(甲)이 기(己)를 만나면 '갑기합토'라고 읽는다. 나머지도 이렇게 읽으면 된다. 갑(甲)일간일 때 운에서 기(己)토운이 오면 갑(甲)에게는 기(己)토가 정재이니 재물을 취득할

수가 있다.

일간이 합이 될 때는 내가 가지는 것이다. 만약에 갑(甲)일간의 사주에 연간이나 월간에 갑(甲)이 하나 더 있을 때는 운에서 기(己) 토 운이 온다면 타인으로 인해 재물이 나갈 수가 있다. 운에서 오 는 것을 이런 식으로 보면 된다. 궁위로 볼 때는 만약 월간에 갑 (甲)이 있다면 월은 부모 형제 직장이 되니 부모나 형제로 인한 지 출이 있을 수가 있다. 직장에서 받을 자신의 성과급을 타인에게 뺏기는 식으로 나타날 수가 있다. 집도 되니, 집을 사기위해 대출 을 받아야 하는 경우가 생길 수 있는 것이다.

겁재가 한 해의 운으로 올 때는 대인관계로 인한 지출이 심해지 고 친구나 동기간의 배신이 있을 수가 있다. 새롭게 사귄 친구가 알고 보니 나를 배신하는 존재로 다가 올 수도 있는 한 해가 될 수 가 있다. 직장인은 내가 아닌 다른 사람이 승진을 하게 되고 경쟁 에서 패하여 자존심이 상할 수도 있다.

학생일 경우에는 친구들로 인한 스트레스로 학업에 지장을 줄 수가 있고 부부는 지출이 심하여 부부싸움을 할 수가 있는 것이 다. 결혼 적령기에 있는 남성이나 여성은 내 여자 내 남자라고 생 각했는데 알고 보니 다른 사람의 짝이 되어 버리는 모습을 볼 수가 있다. 한마디로 혼사가 이루어지기가 힘든 상황이 생길 수가 있다. 그러나 겁재가 좋게 작용하면 오히려 발복하는 운이 될 수도 있다. 생각지도 못한 타인의 도움이 있을 수도 있다. 이 때 겁재가 사주에 좋은 영향을 미치는 경우에 한해서다. 대체적으로 겁재 운은 그렇게 좋지가 못하다.

실제로 한해 운을 보다보면 겁재 운에 많이들 손해를 보고 있음을 알 수가 있었다. 특히 기(己)토 일주는 무술년에 형제나 자매에게 안 좋은 일이 생기는 것을 봤었다. 건강 면에서 더욱더 조심해야하는 운이기도 하다. 초상을 치르는 경우가 있었기 때문이다.

3

식신과
상관 운 일 때

식신과 상관은 여자에게는 모두 자녀가 된다. 식신은 아들, 상관은 딸로 본다. 남자에게는 밥벌이 수단이 되는 기술력으로 봐도 된다. 식신 상관 모두 재주를 뜻한다. 따라서 재주를 많이 가지고 있다.

식신과 상관은 음양을 나누어서 본다. 식신은 일간과 같은 음양을 말하고 상관은 일간과 다른 음양을 말한다. 예를 들어서 임(壬)수일간이 있다고 하자. 임수일간에는 갑(甲)과 을(乙)이 식상이다. 임수는 물이다. 물은 나무를 자라게 한다. 그래서 나무에게 나의 것을 베푼다. 물의 기운으로 나무를 낳으니 여자에게 자식이 되는 것이다. 갑(甲)은 양(陽)이고 임(壬)도 양(陽)이니 같은 기운이다. 음양이 같은 것을 식신이라고 한다. 을(乙)은 음(陰)이다. 상관은 일간과 음양이 다른 것을 말한다. 그러므로 임(壬)은 양(陽)이고 을(乙)은 음(陰)이니 상관이 되는 것이다.

식신을 아들로 보는 이유는 남자는 양(陽)이므로 일간입장에서 식신이 양(陽)의 기운이기 때문에 아들로 본다.

상관을 딸로 보는 이유는 여자는 음(陰)이므로 상관은 일간입장에서 음(陰)의 기운이기 때문에 딸로 보는 것이다.

식신을 한자로 쓰면 食神(식신)이 된다. 밥식 자에 귀신신자다. 밥귀신이 붙었으니 먹는 것과 연결 지어 볼 수가 있다. 밥 귀신이 붙었으므로 먹는 것을 좋아한다. 먹는 것을 좋아한다는 것은 살이 찔여지가 많다는 것이다. 그래서 식신이 좋은 사람은 풍채가 좋다.

먹는 것을 좋아하니 자연스럽게 마음도 넓다. 사람이 잘 먹어야 마음도 몸도 편안한 것과 같은 이치다. 마음이 편안하고 넉넉하니 남에게 베풀기도 잘한다. 잘 먹고 잘 살려면 돈을 버는 수단도 좋아야하므로 돈 버는 수단도 좋다. 돈을 벌기 위해 노력을 많이 한다. 노력을 하려면 아이디어도 있어야 한다. 그래서 식신이 있으면 창작이나 아이디어가 좋다. 밥은 입으로 먹는다. 그래서 말 재주가 아주 좋다. 입을 늘 움직여야하니 말을 잘한다. 식신이 발달 되면 말로 먹고 사는 직업이나 표현을 잘하는 직업을 가지기도 한다. 음식도 잘한다. 요리 대가들 중에 보면 사주에 식신이 잘 자리잡고 있을 것이다.

식신은 남을 먹이는 것도 좋아한다. 본인이 먹는 것도 좋아하지만 남을 먹이는 것도 좋아하므로 음식점을 하는 경우도 많다. 음식 하는 것을 좋아하다보니 맛도 잘 낸다. 식신이 깨어지지 않으면 음식 솜씨가 있다. 먹기 위해서는 돈을 벌어야 한다. 돈을 벌려면 활동을 해야 하므로 식신은 내가 밥 먹기 위한 활동처가 되는 것이다. 돈을 버는 수단이 되므로 직업과도 연결이 되기도 한다. 관성만 직업으로 보는 것이 아니라 식신도 직업으로 볼 수가 있다. 남자 일 경우에는 식신은 재성을 생해준다. 예를 들어 남자 일간이 계(癸)수 일간이라고 한다면 식신은 내가 생해주어야 하는 것이 되므로 나무가 된다. 한마디로 나의 기운, 즉 물이니 물의 기운으로 나무에게 한없이 베풀어야 한다. 물이 베풀어야 하는 나무는 천간으로는 갑(甲), 을(乙) 지지로는 인(寅), 묘(卯)가 된다. 내가 베풀어서 길러 주니 이 나무가 은혜를 갚으려고 한다. 그래서 나무는 불에 자기를 희생해서 물이 차가우니 따뜻함을 보태준다. 그 따뜻함인 불이 물에게는 재물이 된다. 재물을 육신으로 말하면 재성이 되는 것이다. 계(癸)수 일간에게 재성이 불이다. 불은 천간으로는 병(丙)과 정(丁)이고 지지로는 사(巳), 오(午)가 된다. 식신과 재성이 서로 어우러져서 생함이 있으면 이것을 '식신생재'라는 명리용어로 불리어 진다. 남자에게 식신생재는 자기사업수단이 된다. 그래서 남자가 식신 생재할 경우에 사업을 하는 경우가 많다. 특히 관성이 약하고 비겁이 강할 때는 더욱 그렇다. 그런 반면 재성은 여자가 되므로 여자 문제가 생길 수가 있다. 사업하는 사람들이 여자문제가 있는 이유가 이 이유다. 돈을 벌면 여자가 자연 따르기 때문이다.

식신은 머리가 좋아서 기억력도 좋고 연구 개발하는 것을 좋아한다. 자신만의 자부심이 강하기 때문에 어떤 분야이든지 자신이 최고라고 생각하기도 한다. 사주에 식신이 잘생겼으면 남부러울 것이 없는 삶을 살 수가 있다. 일지에 식신을 가지고 있는 여성의 남편은 이 여성과 결혼을 하게 되면 결혼 전 보다 살이 찌는 것을 볼 수가 있었다. 먹는 것도 잘 해 먹이므로 아무래도 남편의 살이 찔 수가 있는 것이다.

식신이 한해의 운으로 올 때는 식신은 칠살(七殺)을 극하므로 관재구설이나 질병으로부터 보호를 받을 수가 있다. 한동안 관재구설이나 질병으로 시달렸다면 식신이 오는 해에 해결이 될 수가 있는 것이다. 여기서 칠살을 다른 말로 편관이라고도 한다. 기(己)토 일간에게 칠살 즉 편관은 을(乙)목이 된다. 기(己)토가 작은 밭인데 을(乙)목이 기(己)토 밭에서 자라면서 밭을 엉망으로 만들어 버린다. 을(乙)은 화초이면서 넝쿨이다. 밭에 농작물을 심어서 키우려고 하는데 잡초나 넝쿨이 뒤엉켜 버리면 작물이 자라지 않는다. 기(己)토 밭 입장에서는 힘든 존재다. 이럴 때 기(己)토의 식신 신(辛)금이 을(乙)목을 잘 다듬어서 작물이 망쳐지는 것을 막아준다. 을(乙)목이 넝쿨 잡초라면 신(辛)금은 칼 가위가 되므로 충분히 을(乙)목을 다스릴 수가 있다. 그러므로 식신은 편관 칠살이 괴롭히지 못하도록 막아 주는 것이고 해결 해주는 것이 되므로 식신의 해에는 이런 것들이 해결이 되는 것이다.

식신은 사업 수단이 되므로, 식신의 해에는 사업이나 장사를 해서 이익을 추구하려는 마음이 많이 들게 된다. 친구나 손님들을 초대해서 먹고 마시고 노는 일도 많이 생길 수 있고 남에게 초대 받아서 가는 일도 많아 질 수가 있다. 놀기 위해서는 옷도 잘 차려입어야 하므로 의복 구입을 할 수도 있고, 집을 늘려갈 수도 있고, 집의 인테리어를 바꿀 수도 있다. 가전제품을 장만해서 가정살림을 늘리는 일이 생길수도 있는 것이다. 여자는 출산의 기쁨을 느낄 수 있으며 자식으로 인한 기쁨도 함께 할 수가 있다. 남자는 식신이 재성을 생하니 여자문제로 인한 복잡함이 생기기도 한다. 식신은 관을 극하니 남편이 미워 질 수도 있다.

상관은 관을 상하게 하는 육친이다. 상관을 한자로 쓰면 傷官(상관)이 된다. 상(傷)은 상한다는 의미이고 관(官)은 남편 직장이 된다. 이 뜻은 관이 상하게 된다는 뜻이다. 직장인에게 관이 상하는 것은 직장을 그만두는 것이 된다. 여자에게 관이 상한다는 것은 남편에게 문제가 생긴다는 뜻이다. 공직자에게 관이 상한다는 것은 명예가 실추 된다는 뜻이기도 하다. 정관은 바른 관이다. 여자에게는 남편이 된다. 바른 관, 정관이 상관을 봤을 때 상관견관(傷官見官)이라 하여 아주 나쁘게 본다. 관을 상하게 하는 존재가 관을 본 것이기 때문에 좋을 것이 없는 것이다. 이러한 이유로 상관을 흉하게 보는 것이다. 그러나 요즘 시대에는 나쁘게만 봐서는 안 된다. 옛날 시대에는 벼슬이 아니면 출세할 수 있는 길이 없었다. 벼슬은 관(官)이 되는데 상관이 관(官)을 상하게 하므로 벼슬길에 문제가 생긴다. 그러므로 좋지 않게 봤던 것이다. 지금도 아주 좋다고는 할 수가 없지만 요즘 시대는 다양한 직업들이 있으므로 상관이 벼슬하는 직업이 아닌 경우에는 아주 훌륭하게 쓰인다. 예술 분야라든지 기술 분야 등에서는 상관이 있으면 재주가 뛰어나고 명석하여 두각을 나타낸다. 말로 먹고 사는 직업에서도 말을 잘 하니 그 분야에서 성공을 거두기도 한다. 식신은 있는 그대로 받아들인다면, 상관은 머리를 잘 써서 있는 그대로가 아니라 좀 더 쉽게 할 수 있는 방법을 찾아낸다. "1+1=2이다." 했을 때 식신은 '1+1=2'를 그대로 받아들인다면 상관은 "왜 일까? 아닐 수도 있잖아." 하며 생각을 다시 한다. 상관이 있으면 요령을 잘 취득한다. 그래서 일을 쉽게 할 수 있는 방법을 찾아 능률을 올리려고 노력한다.

상관은 강자에게는 강하고 약자에게는 동정심을 발휘하기 때문에 자기가 봤을 때 아니다 싶은 것에 대해서는 따지고 든다. 아마 이래서 직장 생활이 어려운가보다. 상사의 불합리한 모습에 분개하는 것이 상관이기 때문이다. 남의 마음도 잘 꿰뚫어 보고 직감도 발달 되어 있다. 단지 세상에서 자기가 제일 똑똑하다 생각해서 남이 하는 일에 만족을 하지 못하는 부분이 있다 보니 자칫 거만하게 보일 수가 있다.

상관은 멋 부리기를 잘한다. 허세도 많다. 남이 어떻게 나를 보는지에 대해 민감하기도 하다. 언변과 수단이 좋다보니 대인관계에 있어서 재미난 사람으로 보일 수가 있지만 말이 많다보니 말실수로 인해 구설에 휘말릴 수도 있다.

이런 상관이 좋게 발현되면 유명강사가 되기도 하고 아나운서가 되기도 하며 연예인이 되었을 때는 연기력 또한 좋고 노래도 잘하고 인물이 좋으므로 인기가 많을 수가 있다. 남의 단점을 잘 파악하는데, 그냥 파악만 하면 되는데 굳이 그걸 들추어서 말을 하니 좋은 의도였지만 상대방 입장에서는 기분이 나빠서 욕을 얻어먹을 때도 많다.

사주가 강할 때는 이 상관을 좋게 쓰는데, 약할 때는 상관의 나쁜 점이 더욱 부각되기도 한다. 내 사주에 상관이 많을 때는 불평불만을 줄여야한다. 상관은 불평불만이 많기 때문이다.

상관이 한 해의 운으로 올 때는 일단 관을 상하게 하니 직장인이라면 직장 내에서 문제가 생길 수가 있다. 본인이 하지 않은 말들도 마치 본인이 한 것과 같이 부메랑처럼 돌아와서 힘들게 만든다. 그렇게 되면 직장을 그만 두는 일이 생기기도 한다.

결혼 한 여성은 남편과의 불화가 많이 일어나는데, 이 불화는 여성의 문제다. 여성의 운에서 상관이 들어오니 남편 행동이나 말이 모두 마음에 들지 않기 때문에 머리부터 발끝까지 미워지기 때문이다. 밥 먹는 소리, 양말 벗은 놓은 모습, 뒤통수만 봐도 울화가 치미는 운이 여성에게는 상관 운이 왔을 때이다. 그러면 남편만 미워질까? 그렇지 않다. 심각한 것은 여성의 운에서 상관견관[*]을 만나게 되면 기혼인 여성은 남편이 직장을 그만두든지 직장 내에서 말썽이 생기는 일이 발생할 수가 있다. 만약 올 한해 운을 보고 여성 사주에 상관견관 하고 있다면 남편을 미워하기 보다는 "나 때문이야." 하며 힘든 남편에게 토닥토닥해 주는 한해가 되도록 노력해야 할 것이다.

남자나 여자나 구설수가 생길 수가 있으니 말조심을 해야 한다. 내가 던진 상처받는 말이 부메랑이 되어 그대로 나의 마음에 꽂혀버릴 수가 있다. 그걸로 인한 상처는 아물지 않을 수 있으므로 평소에 말에 대해 신중하게 생각하고 행동해야 한다. 남자에게 자식은 관성[**]이다. 그런데 상관이 오면 관성을 상하게 하므로 인하여 결혼한 남자는 자식 문제로 인해 고통을 받을 수가 있다. 학생은 노는 것에 빠져서 학업을 등한시 하여 성적이 저조할 수가 있고 여학생은 꾸미는 것을 너무 좋아하다보니 바로 앞 슈퍼만 가더라도 옷을 차려 입고 나갈 정도로 본인치장을 하게 된다. 학생이 공부해야하는데 이런 것에 신경을 쓰게 되면 자연 성적은 나빠질 수

[*] 상관견관 : 정관이 상관을 본 경우 / 상관이 정관을 본 경우
[**] 관성 : 정관과 편관

밖에 없다.

상관은 기호식품이다. 기호식품에는 커피도 있지만 담배도 있다. 담배를 피우지 않는 사람이 담배를 피우게 되는 해가 될 수도 있으니 조심해야한다. 무리하게 일을 추진해서 사업을 하려고 하면 재산의 손실이 있을 수 있으니 한 번 더 신중하게 생각하여 진행해야 한다. 특히 관공서를 낀 사업을 할 경우에는 낙찰이 되기 힘들 수도 있다.

상관이 좋게 될 때는 예체능이나 기술 분야에서 명성을 얻을 수가 있고 여성은 자녀출산의 기쁨이 있고 자녀로 인한 기쁨이 생길 수가 있다.

4

정관과
편관 운 일 때

정관은 바른 관이다. 正官^(정관)은 바를 정에 벼슬 관이다. 바른 벼슬이라는 말은 바름을 말한다. 어긋남이 있는 벼슬이 아니라 정당하게 취득한 관을 말하는 것이다. 그러므로 정관이 있으면 사람 됨됨이가 바르다. 성실하고 바른 생활을 하기 위해 스스로를 절제할 줄 알며 질서를 잘 지키고 명예를 중시한다. 공익에 위반되는 행위를 용납하지 못하며 시비를 잘 가리고 이해심이 많다. 보수적이기도 하고 체면과 명예를 중시하다보니 타인과의 관계에서 위선적인 행동을 보일 수도 있다. 정관과 인성이 잘 조화를 이루면 관직에 나갈 수가 있다. 바른 생활의 사람이다 보니 법에 위반 되는 행위는 하지 않으려고 하며 신의가 있고 정직하다. 그런 반면

좋은 운을 부르는 방법

일방통행이다 보니 고지식한 면도 갖추고 있다. 부정한 행위를 아주 싫어하고 올바르게 살려고 노력한다. 형제간에는 우애가 있고 부모에게는 효도를 한다. 부부간에 정이 두텁고 남자는 자녀에게 사랑을 많이 준다. 그러면서도 법과 질서를 잘 준수하는 사람이다 보니 사랑을 주면서도 엄격하기도 하다.

도덕적인 사람이다. 나라에는 충성하고 직장에서도 아래 사람들에게도 잘하는 모범직장인이기도 하다. 장남이 아니라도 장남 역할을 잘하고 학생이라면 학교규범을 잘 지키고 공부도 열심히 하므로 인해 성적이 우수하여 각종 시험에 있어서 좋은 결과를 얻는다.

여성은 정관이 하나만 있어야 한다. 정관과 편관이 함께 있는 것을 아주 꺼려한다. 정관이 하나만 잘 자리 잡으면 좋은 남편을 만날 수가 있다. 남편 덕이 있고 남편으로부터 사랑을 많이 받을 수 있으면 부부간의 애정이 원만하다. 그러나 앞서 말한 바와 같이 상관이 함께 있다면 상관견관 함으로 인해 남편과 갈등이 생기고 남편의 하는 일이 막힘이 있게 된다. 남자가 상관견관 할 경우에는 직장인이라면 직장문제가 생길 수가 있다. 이 또한 사주를 잘 보고 판단해야 한다. 사주에 정관이 있는데 상관이 올 경우나 사주에 상관견관하고 있을 때 운에 합으로 그것을 막아주면 이상

없이 지나간다.

시	일	월	년
O	丙	己	癸
	일간	상관	정관

천간이 이렇게 구성된 사주가 있을 경우 일간 병(丙)화 입장에서 기(己)토는 상관이 되고 계(癸)수는 정관이 된다. 이런 경우를 상관 견관 이라고 한다. 이때 시천간*에 갑(甲)목이 있다면 갑기(甲己) 합으로 상관을 묶어 버리니 정관 계(癸)수가 온전해 지므로 인해 상관견관의 피해가 없어진다. 그러나 운에서 다시 기(己)토나 갑(甲)목이 올 경우에는 합은 합으로 풀어버리기 때문에 상관견관의 피해가 있게 된다. 천간 합에 대해서는 앞서 설명한 부분을 참고 하기 바란다. 시 천간에 갑(甲)목이 없을 경우에 운에서 갑(甲)목이 올 때는 상관견관의 피해가 없어지게 된다. 또한 남편인연을 갑(甲)목이 천간에 있는 띠를 만나도 좋고 직장인이라면 사장님의 띠가 천간에 갑(甲)목이 있는 띠여도 상관견관의 피해를 없애주어 직장 생

---

* 시천간(時天干) : 태어난 시의 천간

활이라든지 남편과의 관계도 나빠지지가 않는다. 천간에 갑(甲)목이 들어가는 띠라면 갑진(甲辰)생, 갑인(甲寅)생, 갑신(甲申)생, 갑자(甲子)생 등을 말한다. 지지로 인연관계를 함께 봐야하지만 일단, 이런 식으로 본다는 것을 말하고자 쓴 것이다. 이렇듯 사주를 볼 때는 돌려가면서 봐야 한다. 고정 되어 있는 것 같아도 육십갑자가 돌고 돌아 사주에 영향을 주기 때문에 항상 좋을 수도 없고 항상 나쁠 수도 없는 것이다. 이 부분을 인지한다면 사주 볼 때 수월해 질 것이다.

정관이 한 해의 운으로 올 때는 직장이 없는 사람일 경우는 직장을 구할 수가 있고 결혼한 여성은 남편과의 관계가 원만해지고 남편으로 인한 덕이 생기며 각종 시험이나 승진 등에서 좋은 결과를 얻을 수가 있다. 학생이라면 학업 성적이 오르고 완장을 찰 수가 있다. 반장선거에서 당선 될 수도 있고 학생회장을 할 수도 있다. 남자라면 관성은 자식이 되니 자식을 얻을 수가 있는 것이다. 정관 운이 오는데 사주에 편관이 있다면 오히려 안 좋은 일이 생길 수가 있다. 직장에서는 스트레스가 쌓이고 다른 사람들의 입에 나쁜 쪽으로 오르락 내리락 할 수가 있다. 구설에 휘말려서 온갖 루머가 떠돌 수도 있다. 미혼 여성은 결혼을 할 상대로 인해 스트레스가 쌓이고 고통이 따를 수가 있고 남자를 사귐에 있어서 처음에 좋은 사람인줄 알았더니 알고 보니 나에게 고통을 주는 사람이 되는 격이 된다. 기혼 여성은 부부싸움이 잦아지고 남편 직장문제로 인한 고통이 따를 수가 있다.

편관을 다른 말로 '칠살'이라고 한다. 편관을 한자로 쓰면 偏官 (편관)이 된다. 偏(편)은 치우쳤다는 말이다. 관이 치우 쳤다는 것은 바르지가 못하다는 뜻이다. 관은 나를 통제하고 억압하는 존재이니 치우친 관이므로 나에게 고통을 주는 관이 되기도 한다. 그래서 편관을 칠살이라고 하는 것이다.

편관은 권위의식이 강하고 임기응변에 능하며 재치가 있고 남보다 판단력이 빠르다. 관이 치우쳤으니 판단이 빨라야 살아남기 때문에 판단력이 빠른 것이다. 독선적인 면이 많고 강압적인 면도 많다 보니 타인에게 강한 인상을 심어 줄 수가 있다. 그리고 나를 억압하고 통제 하니 눈치를 많이 보기도 한다. 편관 역시 강자에게는 강하고 약자에게는 도움을 준다. 불의를 보면 참지를 못하고 명예에 먹칠을 하는 것을 용납하지 못한다. 자존심도 강하여 매사 본인이 스스로 일을 다하다보니 피곤해지기도 한다. 편관이 있고 상관이 있을 경우에는 검찰이나 경찰 군인 등의 직업을 가질 수가 있다. 편관은 나를 치므로 몸이 약해지고 질병에 시달릴 수가 있고 관재구설이 잘 따른다. 소문에 소문을 더해서 나를 피곤하게 하니 가만히 있어도 구설에 오를 수가 있다. 여자에게는 정관이 남편이고, 편관은 남편 외의 남자이다. 그래서 사주에 정관과 편관이 같이 있을 경우에 나쁘게 본다. 이것을 '관살혼잡'*이라고 한다. 정관과 칠살이 함께 있어서 사주가 탁해졌다고 보는 것이다. 남편만 있어야 하는데 남편 외 남자가 있으니 나쁘게 보는 것이다. 그러나 관살혼잡을 제거해 줄 때에는 나쁘게 보지 않고 좋게 본다.

관살혼잡을 해소하는 방법에는 살인상생, 식신제살, 합살유관 등이 있다. 살인상생은 칠살을 인성으로 유인해서 오히려 일간에 도움을 주게 하는 방법이다. 식신제살 또는 상관제살은 식신이나 상관으로 칠살을 극하는 것을 말한다. 합살유관은 칠살을 합해서 정관을 남겨 놓는 것을 말한다. 이렇게 칠살, 즉 편관을 제어 해준다면 관살혼잡이라고 해도 흉은 없어진다. 요즘 시대에는 관살혼잡이면 '두 가지 직장을 가질 수 있다.' 라고도 본다.

---

* 관살혼잡 : 정관과 편관이 섞여있는 것.

그래도 관살혼잡은 사주를 감정하다보면 안 좋은 점이 많았다. 인연으로 관살혼잡을 해소해주는 인연을 만나면 나쁜 점이 또한 해소가 되는 것도 보았다. 그러나 관살혼잡이 아닌 사주에 관살혼 잡을 만들어 주는 인연을 만나는 경우도 있다. 이런 경우 그 인연 으로 인해 나쁜 일에 연관이 되든지 스트레스를 받든지 하는 경우 가 있다. 남편을 관살혼잡을 만들어 주는 인연으로 만난다면 남편 에게 시달릴 수가 있고 직장상사라면 직장업무로 인한 스트레스 가 심하게 된다. 내 사주를 보고 인연을 봤을 때 관살혼잡을 일으 키는 인연은 처음에 아무리 끌리고 좋더라도 인연을 맺지 않는 것 이 훗날을 위해 좋을 수가 있다.

편관이 한 해의 운에서 올 때는 관재구설, 각종 사건 사고가 생 긴다. 생전에 경찰서 드나들 일이 없던 사람도 편관 운이 오면 경 찰서 갈 일이 생기기도 하고, 그렇지 않으면 하다못해 딱지라도 끊기든지 질병에 시달리기도 한다. 과다한 업무 스트레스로 인해 건강이 나빠지고 직장인은 좌천을 당할 수도 있다. 사업가는 사업 부진으로 인해 빚에 시달릴 수가 있다. 편관은 대출도 되므로 대 출을 받아야 할 상황이 생길 수도 있다. 남자에게는 자녀가 되므 로 자녀로 인해 고민을 하게 된다. 여기에 백호 살까지 함께 온다면 남과의 다툼으로 인한 고통이 따를 수가 있다. 이럴 때는 바깥 출입을 하더라도 웬만하면 남과의 다툼이 생기지 않도록 피하는 것이 방침이다.

편관 운이 오면 남자들은 술 먹고 늦게 돌아다니지 말아야하고 괜히 길가다가 상대방과 눈이 마주쳐서 시비가 붙지 않도록 조심 해야한다. 이때는 눈을 내리 깔아야 한다. 못 이겨서가 아니다. 운이 그렇다면 피해야 한다. 이긴다 해도 그 뒤에 더 큰 고통이 따르기 때문이다. 그래서 한 해 운을 보는 것이기도 하다. 운전을 한다면 교통사고를 조심해야하고 기혼 여성은 외도를 할 수 있으니 가정에 충실해야 한다. 편관 운에 만나는 남자는 좋은 남자가 될 수가 없기 때문이다.

관살혼잡이란? 정관과 칠살이 함께 있는 것을 말한다. 사주를 예를 들어보면 다음과 같다

시	일	월	년
甲	壬	己	辛
辰	寅	亥	亥 (여자)

이 사주의 관성은 월간에 기(己)토가 정관이다. 그리고 시지에

진(辰)토가 편관 즉 칠살이다. 천간과 지지에 정관과 칠살이 드러나 있다. 이런 경우를 관살혼잡이라고 한다.

관살혼잡일 경우에는 관살혼잡을 처리해야한다. 관살혼잡을 처리하는 방법에는 세 가지가 있다.

첫 번째는 인성으로 관살을 유인하여 일간을 돕게 하는 방법이다. 이 방법을 살인상생 또는 관인상생이라고 한다. 살인상생은 칠살로 인성을 생해서 일간을 돕는 걸 말하고 관인상생은 정관을 인성으로 생하여 일간을 돕는 것을 말한다. 여기서 인성은 정인이나 편인을 말한다. 두 번째는 합거하는 방법이다. 합거라는 말은 합하여 없앤다는 말이다. 합거하는 방법은 정관과 칠살이 있을 경우에 칠살을 합을 통해서 제거하는 방법이다. 이 때 정관만 남게 되는 경우를 '합살 유관'이라고 한다. 정관을 합을 통해서 제거하고 칠살만 남겨두는 경우를 '합관 유살'이라고 한다. 천간 합, 지지 합에 대해서는 앞에 표가 있으니 참고하기 바란다.

세 번째로는 제살하는 방법이다. 제살은 식상으로써 많은 살들을 제거하는 것을 말하는데 식신으로 제거하는 것을 식신제살이라고 하고, 상관으로 제거하는 것을 상관제살이라고 한다.

시	일	월	년
甲	壬	己	辛
辰	寅	亥	亥 (여자)

 이 사주의 경우 정관 편관이 혼잡 되어 있다. 그러나 두 번째 방법인 합을 통해서 관살혼잡을 해소 하였다. 월의 기(己)토 정관을 시간의 갑(甲)목이 갑기(甲己)합하여 묶으니 시지의 진(辰)토 칠살만 남았다. 합관 유살한 사주다. 이럴 경우 남편과의 관계가 좋다. 때론 싸우기는 하지만 자식 낳고 더 사이가 좋아지는 경우라고 볼 수가 있다. 시간의 식신 갑(甲)목이 자식이니 자식 낳고 관살혼잡을 또한 피했으므로 가정주부로써 자기가 돈을 벌지 않고 살아갈 수가 있다. 이 사주에서 자식이 木(목)인데 식신이다. 목은 후천수로 3과 8이다. 식신은 아들을 의미한다. 이 여자는 아들 셋을 둔 전업주부다.

5
運

정재와 편재
운 일 때

　정재는 바른 재물이다. 내가 정당하게 일을 해서 받는 월급과
같다. 정재를 한자로 쓰면 正財^(정재)가 된다. 바를 정자에 재물 재
가 되는 것이다. 그러므로 바르게 벌어들이는 돈이 된다. 월급은
일정하게 나온다. 꼬박꼬박 날 되면 나오는 돈이 정재다.

　남자에게 정재는 본처가 된다. 남에게 내세울 수 있는 여자가
되는 것이다. 사주에서 재물은 여자도 된다. 바른 재물이니 바른
여자가 되는 것이다. 정재를 가지고 있는 사람은 모든 면에서 성
실하게 노력하여 정당한 재물을 벌어들이려고 한다. 한탕주의가
아니라 노력한 만큼의 댓가를 바란다. 대인관계에서도 정직함을
우선시하게 된다. 그러나 타인이 볼 때는 융통성 없이 곧이곧대

로 일을 처리하므로 인해 답답하게 느껴질 수가 있다. '모로 가도 서울만 가면된다.' 라는 생각을 가진 사람이라면 답답하게 느껴져 함께 어울리기가 힘들 수도 있을 것이다. 그러나 정재가 있다는 것은 직장을 가질 수가 있다는 뜻이기도 하다.

사주에 관성이 없어도 정재가 있다면 꼬박꼬박 들어오는 돈이니 일을 할 수 있다는 뜻이기도 하다. 약속을 잘 지키고 예의도 바르고 낭비나 허영심이 없다. 항상 검소한 생활을 하려고 노력한다. 요행을 바라지도 않는다. 정당한 재물을 바라다보니 투기라든지 도박이라든지 이런 것으로 인한 재물을 축적하기 보다는 적금을 따박따박 넣어서 재물을 쌓으려고 한다. 오로지 정당한 재물만을 추구한다.

남자에게는 아내가 되니 처덕이 있다. 처에게도 아주 잘하는 애처가의 기질도 가질 수 있다. 여자는 남편과 자식을 위하고 100만원을 갖다 줘도 그 돈으로 저금을 하는 알뜰한 면이 있으며 살림 또한 잘한다. 남녀 모두 신용이 있고 정확한 것을 좋아한다. 고정된 수입을 원하고 들쭉날쭉한 수입을 꺼려한다.

정재가 한 해의 운으로 올 때는 미혼남자는 여자와의 인연이 생기고 결혼을 할 수 있다. 저축을 안 하던 사람도 저축을 하게 되어 그 해 동안은 재물이 쌓이게 된다. 재성은 관성을 생하므로 직장에서 보너스를 받을 수 있고 월급이 오를 수도 있다. 학생은 시험을 치면 합격을 할 수가 있다. 학생에게 재성 운은 공부를 방해하지만 각종 합격소식에서는 재성이 관성을 생하니 좋은 소식이 있을 수가 있는 것이다. 남들이 볼 때 "저 애는 공부도 안 하는 것 같던데?" 했더니 시험에서 합격을 하는 그런 운이기도 하다.

기혼 남자는 아내로 인해 기쁜 일이 생기기도 한다. 아내가 남편이 준 월급으로 돈을 모아서 남편에게 기쁨을 준다든지 하는 일이 생기기도 한다. 그러나 기혼남자는 이 때 여성을 조심해야한다. 재성 운에는 이상하게 여자가 붙는다. 정재이든 편재이든 이 부분은 같게 작용하는 것 같았다. 사주에서 정재와 편재가 혼잡되어 있고 재성이 많아서 사주가 약해진 경우에는 정재 운이라도 좋지 않은 상황들이 발생한다. 고정수입이 들어오지 않는다든지 학생일 경우는 성적이 제대로 나오지 않고 게임이나 오락에 빠질 수도 있다. 기혼남자는 아내로 인해 고민이 생길 수도 있다.

편재는 일확천금을 노리는 재물이다. 편재를 한자로 쓰면 偏財^(편재)가 된다. 치우칠 편에 재물 재다. 재물이 치우쳤다는 것은 제대로 된 재물이 아니라는 것이다. 옛날에는 이 財^(재)를 馬^(마)라고 했다. 옛날은 교통수단이 말이였기에, 말을 타고 다니면서 재물을 벌어 들였다. 그래서 재물을 馬^(마)라고 불렀다. 말은 돌아다닌다. 편재는 그러므로 돌아다니는 돈이 된다.

　돌아다니는 돈은 한 곳에 고정 되어 있지 못하다. 정재는 고정된 돈이지만 편재는 돌아다니는 돈이기에 내 주머니에 있다기보다는 남의 주머니에 있는 돈이기도 하다. 그러니 일확천금을 노리고 투기나 모험을 즐기고 낭비 또한 심하다. 하지만 사업하는 사람에게는 편재가 있어야한다. 사업은 도박이기 때문이다. 투자를 하지 않으면 안 되고 남의 주머니에 있는 돈을 가져와야 하니 편재가 있고 이 편재를 도와주는 식상이 있다면 사업가의 사주이다. 자영업이라도 한다. 남의 밑에서 고정된 돈을 벌기 보다는 본인이 직접 발로 뛰어 재물을 벌려고 하니 사업가나 장사꾼의 사주가 되는 것이다. 그런 사주를 식신생재, 상관생재라고 한다.

　편재를 가지고 있으면 돈을 벌기 위해서는 수단과 방법을 가리지 않는다. 그러려면 머리도 좋아야한다. 편재는 총명하고 지혜가 있는 반면 풍류와 유흥을 즐기기도 한다. 남자에게는 본처 외 여자가 되니 첩이되기도 한다. 그래서 사업하는 사람에게는 여자들이 항상 따르는 것이다. 돌아다니는 곳마다 여자가 있기 때문이다. 결혼을 한 남자라면 외도를 즐길 수가 있다. 한 여자에게 만족을 못하는 것이다. 여자는 편재가 있으면 씀씀이가 크다. 씀씀이가 크다는 것은 사치를 즐길 수가 있다는 것이다. 학창시절 편재운이 오면 학생들은 공부에 지장을 준다. 공부를 하기 보다는 친구들이랑 게임이나 즐기고 노는 것에 빠져서 공부가 잘 되지 않는다. 공부를 하려고 하면 "철수야 놀자." "영희야 놀자." 라며 창문밖에서 유혹의 손길이 마구 뻗어 오기 때문이다. 집중력도 떨어지므로 학창시절에는 편재 운이 오지 않는 것이 좋지만 어디 그게 마음대로 되는가? 내 아이에게 이런 운이 들어와 공부를 하지 않는다면 돈 들여 학원을 보낼 필요가 없다. 학원가면 졸고 있기 때문이다.

　아이는 아이대로 부모는 부모대로 돈 대주느라 허리 휘고 아이는 아이대로 가방은 메고 학원을 가지만 학원에 가서 멍 때리고 앉아 있다오게 되는데 이럴 경우에 아이에게 하고 싶은 일을 시키는 것이 오히려 발전을 할 수 있게 되는 계기가 될 수가 있다. 공부 안한다고 남과 비교해서도 안 된다. 여기서도 '내려놓기'가 필요하다. 내려놓는다면 오히려 부모와 자식 간에 트러블이 생기지 않을 것이다. 운은 돌고 도는 것이니 공부 운이 오게 되면 늦게라도 공부는 하게 되어 있다.

편재가 한 해의 운으로 들어 올 때는 갑자기 재물이 불어나게 된다. 이 또한 사주에 정재나 편재가 많아서 여기서 많다는 것은 3개 이상이다. 재물을 감당하지 못할 때는 오히려 큰 재물이 나가기도 하지만 그 재물을 감당할 수 있는 사주라면 재물을 취득하게 된다. 재물을 감당할 수 있는 사주라는 것은 사주가 비겁과 인성이 재성이나 관성 식상보다 많은 것을 말한다. 사주가 강하다는 말이다. 직장인은 생각하지도 못한 특별 보너스를 받게 된다든지 월급이 오를 수가 있다.

결혼한 여자는 시댁으로부터 도움을 받을 수가 있다. 편재는 시어머니가 되기도 하기에 시어머니로부터 도움을 받을 수가 있는 것이다. 미혼여성은 편재가 관성을 생해주니 관성이 힘이 있어지므로 인해 결혼을 할 수도 있고 남성을 만날 수가 있다. 사업가는 사업이 번창하여 즐거운 일이 생길 수도 있다. 학생은 공부한 만큼의 성적이 나오지 않는다. 집중해서 공부를 했는데도 막상 시험 당일에는 공부한 내용이 아닌 것이 나와서 성적이 저조해 질 수가 있다. 재성이 사주에 많아서 사주가 아주 약해 진 경우에는 금전적인 면이나 건강 등 모든 면에서 힘든 일이 생길 수가 있다. 거기다가 생각지도 못한 뭉 돈이 나가서 가정살림이 힘겨워 질 수가 있다.

결혼한 남자는 여자문제로 인해 고통이 따를 수 있으므로 편재 운에는 이성을 멀리하는 것이 좋다. 회식자리에 갔다가 노래방에 갔더니 그곳에서 불미한 일이 생길 수도 있는 것이다. 편재 운에 들어오는 여자는 남자가 미혼 일 경우외에는 취하면 안 된다. 재물이 들어 올 수 있는데 여자를 취함으로 인해 들어와야 할 재물이 들어오지 않기 때문이다.

6

정인과 편인
운 일 때

정인을 다른 말로는 인수라고 한다. 正印^(정인)은 바른 도장이라는 말이다. 印綬^(인수)는 도장 인에 끈 수다. 도장 끈이라는 말이다. 결재를 할 때 도장은 윗사람이 찍지 아랫사람이 아니다. 인수는 윗사람이 된다. 도장을 찍는 일이니 문서도 된다. 부동산 매매할 때 도장을 찍어야 계약이 되는 것과 같다.

인수는 나를 낳아 준 어머니다. 경^(庚)금일간이면 금을 생해주는 것은 土^(토)이다. 생해주는 것은 나를 낳아주고 길러 주는 것이다. 그것이 토인데 이 土^(토)를 庚^(경)금 입장에서는 인수 또는 정인이라고 한다. 계모가 아닌 나를 직접 낳아준 어머니가 되는 것이다. 인수는 선비와도 같다. 옛날 선비들이 재물을 벌기 보다는 책과 함께 살았듯이 인수가 있으면 학문과 떨어질 수가 없다. 어머니이기 때문에 자애로운 마음을 항상 가지고 있다. 따뜻한 어머니의 품과 같은 것이다. 어머니는 자식에게 모범이 되어야 하니 법을 어기지 않는다. 품위도 유지한다. 자식을 기르려면 지혜와 총명을 함께 가지고 있어야 하므로 지혜롭고 총명하다. 윗사람에 대한 예절도 가지고 있다. 예의범절을 잘 지킨다. 타인에게 흠을 잡히지 않기 위해 노력하다보니 내면은 늘 외롭고 고독하다. 이런 행동을 하면 남이 나를 어떻게 볼 것인가? 생각하게 되므로 인해 행동이 자유스럽지 않다. 타인의 시선을 많이 신경 쓰기 때문이다. 옛날 선비들이 집구석에 쌀 한 톨 없어도 책만 읽고 앉아서 "어디 선비 체면에 일을 하겠소?" 하며 쌀을 구하지 않았던 것을 보면 인성이 얼마나 스스로를 옥죄는지 알 수가 있다. 이런 정신을 가진 선비는 인성이 과다한 경우에 그렇다. 인성이 적당히 잘 자리 잡으면 오히려 학문에 뜻을 이루어 많은 업적을 남길 수가 있다.

인수와 관성이 있으면 공직이나 직장 생활을 무난하게 할 수가 있다. 그러면서 재물도 함께 벌어들일 수가 있다. 인수는 재물을 탐하지는 않는다. 연구하고 학문에 몰두한다. 인수가 어머니이다 보니 자식이 어머니에게 기대듯이 타인에게 의지하려는 면이 강하다. 남자는 선비가 되다보니 신사적인 면을 가지고 있고 여성은

좋은 운을 부르는 방법

가정주부로는 참한 요조숙녀의 모습을 가지고 있다. 재물 보다는 부동산과 관련된 문서·학문·교육·종교·문화·예술방면과 관련되어 인연이 있다. 인수는 활동적이지는 못하지만 대인관계에 있어서는 품성이 어울려져서 원만하게 지낸다. 재성이 인수를 극하게 되면 인수의 나쁜 면이 나온다. 재성이 인수를 극하는 것을 재극인(財剋印)이라고 하는데 졸부들에게서 이런 모습을 많이 볼 수가 있다. 갑자기 재물이 생기면 사람이 변한다는 말이 이런 경우에 생기는 것이다.

인수는 바른 생활 사나이다. 예의도 있고 타인을 위해 베풀 줄 알며 배려할 줄 아는 사람인데 이것이 재물이 들어오면서 인수를 파괴해 버리니 사람이 변하는 것이다. 많은 재물을 가지고 있는 사람 중에 인성이 안 좋은 사람들이 더러 있다. 재벌 갑질이 그 예이기도 하다. 재벌이라도 인성이 좋은 사람도 있다. 그런 사람들의 특징을 보면 잘 베푼다. 복지재단을 설립해서 어려운 사람들을 돕기도 한다. 재성이 인성을 극하는 것을 막기 위해서는 관성으로 재성을 유인해서 인성을 더욱 돋보이게 하는 방법이 있다. 여기서 관성은 조직을 말한다. 복지재단은 조직적으로 운영이 된다. 그런 시설에 베풀면 오히려 인성을 살려주니 사람 됨됨이가 나빠지지가 않는 것이다.

金^(금)일간일 경우 재성이 木^(목)이 되고 관성은 火^(화)가 된다. 인성은 土^(토)가 된다. 木^(목)은 나무이다. 火^(화)는 불이다. 불은 나무가 있어야 활활 탄다. 나무가 활활 타고 나면 재가 남는다. 이 재가 土^(토)가 되는 것이다. 이 원리가 재성은 관성을 생하고 관성은 인성을 생하는 모습이다.

정인, 즉 인수가 한 해의 운으로 들어 올 때는 윗사람의 도움으로 해결 하지 못한 일이 해결 될 수도 있고 윗사람에게 인정을 받을 수가 있다. 문서가 되므로 문서적인 일이 일어날 수가 있는데 이 때 부동산을 취득할 수가 있다. 여자는 인성이 관성의 생을 받으니 남편에게 사랑을 받을 수가 있다. 관인상생하기 때문이다. 학생은 성적이 좋아지고 공부가 재미있어 진다. 평소 놀던 학생도 이 운에는 공부하기 위해 노트를 사기 시작한다. 필기도구로 노트 정리도 하고 책상 위에는 책과 함께 계획서가 있고 "파이팅! 열심히 공부하자!" 라는 메모 또한 붙이기도 한다.

조상의 도움으로 금전이나 정신적으로 혜택을 받을 수가 있다.

---

* 金(금)일간 : 庚. 辛

좋은 운을 부르는 방법

직장인이라면 승진의 기회가 주어지고 공무원시험을 준비 중이라면 공무원에 인연이 있을 수가 있다. 각종 자격증 시험에 합격 할 수도 있다.

편인은 다른 말로 효신이라고 한다. 偏印(편인)은 치우칠 편에 도장 인이다. 도장이 치우쳤다는 말은 정인과는 다르다는 말이다. 도장이 치우쳤으니 바르게 도장을 찍으려면 눈치를 잘 봐야한다. 그래서 편인을 가지고 있으면 눈치백단이다. 눈썰미도 아주 좋다. 편인을 다른 말로 梟神(효신)이라고 하는데 효신은 올빼미를 말한다. 올빼미는 밤에만 활동하기 때문에 밤눈이 밝다. 밤눈이 밝다는 것은 위에 설명한 것과 같이 남이 보지 못하는 것을 보기도 한다. 밤에 주로 활동하니 잠을 잘 수가 없다. 편인이 있으면 불면증이 올 수도 있는 것이다.

또한 올빼미는 남들이 듣지 못하는 소리도 잘 듣는다. 그러므로 편인이 있으면 귀가 밝다. 정인을 어머니라고 한다면 편인은 치우친 것이니 제대로 된 어머니가 아니므로 계모가 된다. 계모랑 있으면 눈치를 봐야하니 자연스럽게 신경이 예민해지고 이중성을 가지게 되면서 타인의 마음을 꿰뚫어보기도 한다. 계모의 마음을 꿰뚫어 봐야 구박을 받지 않으니 말이다. 신데렐라를 보면 편인이 있으면서 많은 관살들을 살인상생 해 줬든지 아님 관살혼잡을 인성으로 합거해 줬든지 하는 사주가 아닐까 유추해 볼 수가 있다. 관살혼잡을 해결한 여성의 사주는 귀한 사주가 되고 높은 지위의 남편을 만나기도 하는데 신데렐라는 왕자님을 만나 왕비가 되었기 때문에 이 법칙에 속할 수가 있다. 거기에 더해 계모를 만나서 계모에게 미움을 받지 않게 열심히 집안 살림을 하는 것을 보면 편인이 작용을 했을 것이다. 신데렐라는 계모가 시키면 시키는 대로 눈치껏 스스로 일을 한다. 그건 편인의 눈치 빠름이 작용을 했을 것이다. 거기다 계모를 둔 것을 보면 편인의 인자가 강하고 살 인상생이든 합살 또는 합관을 한 사주가 분명할 것이다. 이렇게 동화속의 인물이나 드라마 속 인물들을 보면서 육친을 공부하면 도움이 된다. 육친의 법칙에 인물들의 상황이 그대로 드러나는 경우가 많기 때문이다.

예능적인 면에서는 아주 뛰어나므로 연예계에 진출하면 인기가 많다. 요즘은 예능이 대세다. 편인은 예능이 아주 잘 어울린다. 타인의 마음도 뚫어 보고 눈치가 빠르고 민첩하니 상황판단이 잘 된다. 그러므로 연예인이라면 사주에 편인이 있을 경우 예능에 나가서 실력을 발휘 해보는 것도 본인의 재능을 살리는 길이다. 말과 행동에 있어서 애교가 많기 때문에 남으로부터 사랑도 많이 받는다. 예술 · 문학 · 기술 분야에서 뛰어난 실력을 발휘 할 수가 있다. 편인은 자격증이 되기도 한다. 편인이 있으면 자격증을 따서 실력을 발휘해 보는 것도 좋다. 오락이나 도박, 잡기에도 능하기 때문에 본인 사주나 나의 가족 사주를 보면서 편인이 과도하게 많다면 여기서 많은 것은 2~3개 이상이다. 도박에 빠지지 않도록 신경 써줘야 한다. 신경이 예민하다보니 불안증세가 나타날 수가 있고 또한 공상도 많이 한다. 이 공상이 나중에 좋은 쪽으로 발현 되면 좋은데 그렇지 못하면 착각에 빠지게 된다. 일명 '혼자 소설 쓰네.' 이것이 되는 것이다. 임기응변은 뛰어나지만 인내심이 부족하여서 일을 끝까지 마무리 짓지 못하는 결점도 있다. 편인은 식신을 극한다. 그것을 도식(倒食)이라고 한다. 도식은 넘어지다 엎어지다 倒(도)이고 食(식)은 밥식자이다. 밥은 밥그릇에 담아 먹는데 밥그릇이 엎어 졌다는 말이다. 이 얼마나 무서운가? 그 맛있는 밥이 엎어졌으니 굶어야 하나? 이런 이유로 편인이 있고 식신이 있으면 살이 잘 찌지 않는다. 밥그릇이 엎어졌으니 밥을 먹을 수가 없는 것이다. 사업하는 사람이 식신으로 사업을 번창시키고 있는데 편인 운이 온다면 밥그릇이 엎어지니 사업이 불안해진다. 그래서 식신이 편인을 만나는 것을 가장 두려워하고 꺼려하는 것이다. 여자는 자식을 출산 한 후에는 몸이 좋지가 못할 수가 있다. 편인이 식신을 극하니 출산하면서 몸이 안 좋아 질 수가 있는 것이다.

편인이 있으면 고독을 즐긴다. 비 오는 날 버스를 탔는데 창밖을 하염없이 쳐다보며 우수에 찬 모습을 보이는 사람이 있다면 사주에 편인이 있을 확률이 높다. 맑은 날 보다 비 오는 날 고독을 즐기기가 좋기 때문에 비 오는 날을 좋아한다. 여자는 태어난 일이나 시에 편인이 있으면 자식 농사가 잘 되지 않는다. 일과 시는 배우자궁과 자식 궁이기 때문에 이곳에 편인이 있다면 자식을 거부하기 때문이다.

편인이 한 해의 운으로 올 때는 신경이 예민해지고 작은 일에도 화를 잘 내기도 한다. 자격증을 취득하기 위해 기술 분야 등의 공부를 하게 된다. 편인은 식신을 극하니 여자에게는 식신이 자녀가 되는데 자녀로 인한 고통이 따르게 된다. 임신을 원하는 여성이라면 편인 운에는 임신을 하기가 힘들다.

착각을 잘 하게 되므로 사기를 당할 수도 있고 문서거래 할 때 착오가 생길 수도 있다. 식신은 여자에게 자식을 낳게 하므로 생식기 쪽도 되는데 편인이 오면 식신을 극하니 생식기 쪽으로 병이 올 수가 있다. 학생은 정인과는 다르게 기술 분야에서는 좋은 결과가 나올 수 있지만 다른 쪽에서는 성적이 생각보다는 잘 나오지 못해서 불안초조해지기도 한다. 시험을 보는데 갑자기 앞이 하나도 보이지 않는다든지 식은땀이 나고 긴장이 되기도 하므로 좋은 성적을 거둘 수가 없다. 예능인이나 기술 분야에 있을 경우에는 실력을 인정받게 된다. 사업자는 사업을 확장해서는 안 된다. 사업 확장 할 때 착각을 일으켜 좋지 못한 곳을 좋은 곳으로 착각할 수가 있기 때문이다. 편인 운에는 잘 놀라는 일이 생긴다. 밥을 하려고 싱크대에서 음식을 하고 있는데 갑자기 뒤를 돌아오면 깜짝 놀라는 일이 생기는 그런 해이기도 하다.

편인은 눈치를 보다보니 일을 하면서도 마음이 편하지가 않기 때문에 늘 불안에 의해 놀라게 되는 것이다. 편인의 운이 지나고 나면 이런 현상은 없어지게 된다. 이런 현상으로 인해 정신과 치료를 받든지 심리치료를 받든지 할 경우가 생기는데 편인 운이 지나도 이런 증세가 계속 된다면 그때 치료를 받아도 된다. 스스로 운을 보고 편인 운이라면 이런 증세가 나타났을 때 걱정을 하지 말고 운이 지나도 계속 그렇다면 그때는 진료를 받아보는 것이 좋다. 정신과를 가는 것을 부끄럽게 생각할 필요가 없다. 마음과 정신에 상처가 났다면 치료를 해야 한다. 그건 부끄러운 것이 아니다. 부끄럽게 생각하고 병을 키우는 것이 더 부끄러운 것이다. 편인 운을 잘 활용하여 현명한 한 해를 보냈으면 한다.

4장

운이 궁금해
찾아 온
사람들의 이야기

1
運

결혼 못 할 팔자라니,
사주를 바꿔야 할까?

　무더위가 기승을 부리던 한 여름 정오쯤 젊은 여성이 찾아왔다. 체구는 작고 얼굴에서는 선한 느낌이 나는 인상이었다. 여성스러움이 물씬 느껴지는 전형적인 한국의 30대 여성처럼 보였다. 생년월일시를 넣어서 사주를 보는데, 이 사주를 얼핏 보면 결혼을 하기 힘들게 볼 수 있는 사주였다. 괴강 일주에 관살이 많아서 결혼을 하기 힘든 그런 사주로 보였다. 하지만 태어난 시에 자식도 있고 관고를 열어주는 인자도 있으니 충분히 결혼이 가능한 사주였다. 관고에 관한 설명은 아래에 추가 하였으니 참고하면 된다.

　"다른 곳에서 사주를 봤는데 제 사주가 안 좋으니, 사주를 바꿔야 결혼을 할 수가 있다고 합니다. 어떻게 해야 할지 몰라서 이렇게 찾아 왔어요."

생년월일시를 받아서 사주를 적어본다

| 壬 | 壬 | 戊 | 丙 |
| 寅 | 戌 | 戌 | 辰 (坤) |

보는 순간 나도 모르게 생각에 잠기게 된다. 얼핏 보면 이 사주 주인공이 팔자가 세게 보이기 때문이다. 그러나 태어난시지와 일지가 합을 이루고 있다.

寅木(인목)은 壬水(임수)일간에게 식신이 된다. 戊土(술토)는 관성이 된다. 식신과 관성이 합을 이루고 있으니 결혼을 할 수 있다. 자식과 남편이 합을 이루므로 결혼하여 자식을 낳을 수 있는 것이다.

"이 사주 결혼 할 수 있어요. 사주를 바꾸라니 어떻게 그런 말도 안 되는 소리를 누가 하던가요?"

"정말 저 결혼 할 수 있는가요? 저희 집에서 자주 가는 단골 점집에서 그런 말을 해서 부모님하고 저하고 너무 걱정 되어 선생님을 뵈러 왔어요!"

말끝에 눈물을 흘린다. 서러웠던 모양이다. 결혼을 하고 싶은 아가씨에게 결혼을 할 수 없다며 사주를 바꾸라고 하니 얼마나 황당했을까?

이미 세상에 나올 때 사주팔자는 정해져 있기에 바꿀 수가 없다. 사주팔자를 바꾼다는 것은 자연의 이치를 거스르는 행위다.

30대의 이 여성을 2013년 상담하였는데 2018년 현재 결혼하여 아들을 낳아 잘 살고 있다. 사주를 바꾸지 않았는데 결혼도 하고 아들까지 낳았으니 "사주 바꾸라"는 말을 함부로 해서는 안 된다. 나 또한 상담할 때 실수 한 적이 많다. 자식을 낳을 수 있는데도 "이 사주는 자식 낳기가 힘들다"며 망언을 한 적도 있었으니 말이다. 구업을 쌓지 않아야 한다. 나 또한 많은 구업을 쌓았다. 사주를 공부하고 상담을 한다고 해서 다 아는 것도 아니다. 강용건 선생님께서 하신 말씀이 있다.

"니 사주보기 힘들 제? 갈수록 힘 안 들 더나?"
"선생님 너무 힘들고 어떤 땐 백지처럼 머리가 하얗게 변해요."
"사람의 인생을 보는 건데 그건 당연한 거다. 100프로 중에 70

좋은 운을 부르는 방법

프로만 맞춰도 엄청난 고수다. 그러니 얼마나 어렵노?"

이 말씀을 듣는데 사주 상담을 하면서 어려움을 많이 겪어봤기에 뼈 속까지 와 닿았다. 운을 말해 준다는 것은 나의 모든 것을 동원해야 한다. 머릿속 지식을 빨래 짜듯이 쥐어 짜야한다. 그렇다보니 실수를 할 때도 많다. 반면 또 맞출 때는 신기하게 맞으니 놀라울 때도 많다. 이것이 바로 음양인가 싶다. 그래서 사주를 놓지 못하고 지금까지 함께 하고 있는 것 같다.

여기서 관고란 무엇인가? 사주에는 辰戌丑未^(진술축미)가 있다. 이것을 사고^(四庫) 또는 사묘^(四墓)라고 한다. 사고는 네 개의 곳간, 즉 창고를 말한다. 이 창고 속에 재성·인성·관성·식상·비견이 들어 가 있는 경우를 '창고에 갇혔다'고 한다. 관성이 갇힌 것을 관고라고 하는데, 여성사주에서 관고를 가지고 있으면 아주 흉하게 본다. '남편이 창고에 갇혔다.' 또는 '묘지에 들어갔다.' 라며 남편이 활동을 하지 못하는 모습이 되기 때문에 좋지 않게 본다. 실제 사주를 볼 때 많이 활용하는 부분이다.

그러나 창고는 열어주면 된다. 사주에 창고를 열어주는 열쇠가 있다면 이것을 나쁘게 보지 않는다. 여기서 창고를 여는 '열쇠' 역할을 하는 것은 충(沖)과 형(刑)이다. 여자사주에 관고가 있고, 관고를 열어주는 충(沖)의 열쇠가 있으면 남편이 좋지 않다고 봐서는 안 된다. 위의 여성 사주에서 관고는 戌(술)토이다. 왜 戌(술)인가? 壬(임)수 일주의 관성은 土(토)이다. 그렇다면 土(토)는 천간으로 戊(무)토와 己(기)토가 되는데 이것을 창고에 가두는 것은 戌(술)토이기 때문이다.

사고(四庫) 또는 사묘(四墓)

辰(진)은 물의 창고이므로 水(수)의 庫(고)가 된다. 재성·인성·관성·식상·비겁이 水(수)에 해당이 되고 사주에 辰(진)이 있다면 水(수)가 어느 육친이냐에 따라서 庫(고)가 되는 것이다. 예를 들어 남자가 己(기)토 일간일 경우에 壬(임)수가 아내 재성인데 辰(진)토가 지지에 있다면 재성이, 즉 아내가 창고에 들어가 있다고 본다. 이 때 열어주는 戌(술)토가 있다면 창고에 들어간 것으로 보지 않는다. 부부인연에서 재성이나 관성이 창고에 들어갔을 경우에 충(沖)을 해주는 인연을 만나야 한다. 재성은 부인이 되고 관성은 남편이 되기 때문이다.

좋은 운을 부르는 방법

戌(술)은 불과 흙의 창고이므로 火(화)와 土(토)의 庫(고)가 된다.

丑(축)은 금의 창고이므로 金(금)의 庫(고)가 된다.

未(미)는 목의 창고이므로 木(목)의 庫(고)가 된다.

일간을 기준으로 육친이 木火土金水(목화토금수) 어디에 해당하는지 보고 그 육친이 辰戌丑未(진술축미)중 어느 것이 庫(고)에 속하는지 보고 판단하면 된다. 진술축미의 충(冲)은 辰戌(진술)과 丑未(축미)가 있다.

위의 여성 사주에 월과 일에 戌(술)토를 두 개나 가지고 있다. 그러나 태어난 년지에 辰(진)토가 있어서 辰戌(진술)충을 해주므로 인해 관고의 해로움에서 벗어났다. 2대1충은 충으로 보지 않는다는 이론이 있다. 그러나 사주를 감정하다보면 예외가 있기도 하다.

2
運

시댁 집 짓는데
소를 팔아?

2014년 8월 어느 날 휴대폰이 울렸다. 하던 일을 멈추고 휴대폰을 보니 단골손님의 이름이다. 밤낮 없이 궁금한 것이 있으면 전화로 상담을 하는 뱀띠 여성이었다. 상담을 통해 알게 되었지만 사람이 반듯하고 열심히 사는 모습에 정이 가는 손님이었다. 그래서 바쁜 와중에도 전화 상담을 해주었다. 시댁문제였다.

"저희 시댁에 집이 팔렸는데 새로 집을 지어 드려야 할 것 같아요. 대출을 받아야 할지, 시댁에 있는 소 23마리를 팔아야 할지, 그것 때문에 전화 드렸습니다."

좋은 운을 부르는 방법

그날 일진은 丙辰(병진)일이었다. 사주를 상담하는 방법은 여러 가지다. 그 중에서 내가 가장 잘 쓰는 법은 일진으로 보는 사계단법이다. 그날도 어김없이 난 사계단법으로 답을 찾고 질문에 대해 답을 해줬다.

"23마리라면 팔아도 돈이 되지 않고 30마리가 되어야 팔아도 돈이 될 겁니다."

사계단법으로 보면 이런 부분을 알 수가 있는데 이 또한 틀릴 경우도 많다. 하지만 맞출 때는 신기하게도 잘 맞다. 여기서 사계단법이란? 일진을 펼쳐서 보는 것을 말한다.

"30마리요? 그러고 보니 뱃속에 7마리가 있어요. 그러면 30마리가 됩니다."
"그런가요? 그럼 소를 팔아서 집을 지어 드리세요."

이렇게 상담은 끝냈지만 실제로 소를 팔았는지는 듣지 못했다. 상담 할 때는 소를 파는 걸로 상담을 마무리 했었다.

이 상담이 기억에 남는 이유가 조선시대 홍계관이라는 맹인 점술가의 이야기 때문이다. 홍계관은 앞이 보이지 않았지만 잘 맞추기로 소문이 자자했다. 이 소문이 대궐까지 들어가면서 임금의 귀에까지 가게 되었다. 임금은 홍계관을 불러서 정말 잘 맞추는지를 알기 위해 시험을 했다. 여러 시험 중에서 쥐와 관련된 이야기 있다. 상자 안에 넣어 둔 쥐가 몇 마리인지 맞추는 것이었다. 상자 안에는 한 마리의 쥐가 있었는데, 홍계관은 3마리라고 하여 죽임을 당하게 된다. 그러나 이를 이상하게 생각한 신하가 쥐의 배를 가르는 순간, 배속에는 2마리의 쥐가 있는 것이다. 쥐는 한 마리였지만 배속에 2마리의 쥐가 더 있었으니 홍계관의 말이 맞았던 것이다.

홍계관도 자기만의 이론이 있었을 것이다. 그 이론으로 보이지는 않지만 쥐가 몇 마리인지 알 수 있었을 것이다. 천간지지에는 선천수와 후천수가 있다. 숫자를 맞추는 것은 이 선천수와 후천수로 추리하여 맞추는 것이다. 각 천간과 지지에 있는 선천수와 후천 수는 다음과 같다.

천간지지	선천수
甲己 子午	9
乙庚 丑未	8
丙辛 寅申	7
丁壬 卯酉	6
戊癸 辰戌	5
巳亥	4

오행	후천수
木	3.8
火	2.7
土	5.10
金	4.9
水	1.6

이와 같다. 사주를 볼 때 선천수와 후천수를 활용해서 수를 보기도 한다. 홍계관이 주역을 통해서 봤는지, 어떤 방법으로 본 것인지에 대해 그것까지는 나오지 않아서 자세히는 모르겠지만 이 방법을 대부분 쓰고 있다. 위의 소 이야기는 후천수로 그 숫자가 나왔다.

3
運

결혼 10년 만에
아기가 생겼어요

배우고 익힌 게 사주다 보니 상대방의 생년월일시만 알아도 '왜 그런지'에 대해 머릿속에서 그림이 그려진다. 운동하는 곳에서 알게 된 여성분과 함께 점심식사를 같이 하게 되었다. 운동하면서도 이상하게 눈에 들어온 사람이다.

왜 눈에 들어왔을까? 인연이라는 건 이럴 때 쓰이는 것이다. 배우자와의 인연 뿐 아니라 사람들과의 인연도 보는 방식은 똑같다. 생년월일시를 펼쳐보니 일지에 나의 천을귀인*을 깔고 있었다. 본

---

* 천을귀인 : 사주에서는 길성(吉星)·길신(吉神)을 말한다.

좋은 운을 부르는 방법

인의 천을귀인*을 상대방이 가지고 있으면 그 사람에게 끌리기도 하지만 도움을 받기도 한다. 물질적, 정신적으로 도움을 줘서 도움을 주는 것이 아니라 그 존재 자체만으로도 도움이 되기도 한다.

사주를 펼쳐서 그림을 그려봤다. 작은 보석이 강단은 있지만 흙속에 묻혀서 빛을 내지 못하고 있는 모습이었다. 뜨거운 불은 보석을 녹이려고 하는데, 뜨거운 불을 꺼줄 물이 없었다. 이 사주에서 물은 자식이다. 자식을 낳아야 나를 지켜준다. 결혼을 한지 10년이 되어도 아이가 생기지 않았다고 한다. 인공수정도 많이 했지만 늘 실패로 끝났다고 한다. 흙속에 파묻힌 보석을 불은 흙을 달구어 더욱더 뜨겁게 만드니 보석이 너무나 힘이 든 모습이다. 웬만한 물이 들어와도 힘든 형국이었다. 물이 오면 흙으로 가두고 뜨거운 열기로 증발 시키니 수정이 잘 되지 않는 그런 사주의 모습을 보니 왜 임신이 되지 않았는지 알 수가 있었다. 그러나 결혼 10년 만에 임신을 해서 아이를 낳았는데 인공수정이 아니라 자연 임신을 하게 되었다고 한다. 물을 싣고 온 해에 임신을 하여 그 다음 해에 아이를 낳았으니 그 물은 사막의 오아시스와 같은 물이었다. 사람은 살다보면 사막의 오아시스와 같은 일이 한번쯤은 일어난다. 죽으라 죽으라 하지는 않기 때문이다.

육십갑자는 매일 돌고 있다. 매일 도는 육십갑자는 60번 다르다. 오늘 좋은 운이 들어왔다고 해서 계속 좋은 것이 아니라 60개 중 안 좋은 운이 들어 올 때도 있기에 운 좋다고 자만하지 말고 운 나쁘다고 실망을 하지 않아도 된다. 고진감래(苦盡甘來), 사필귀정(事必歸正), 이러한 고사성어 속에 음양이 그대로 녹아져 있다. 고생 끝에 낙이 온다. 고생을 陰(음)이라고 한다면 낙은 陽(양)이 된다. 그러다가 또 음양이 바뀔 때 낙에서 고생으로 바뀌기도 한다. 이 원리만 잘 이해한다면 삶의 지침서로써 어떠한 자기계발서보다 나을 것이다.

시	일	월	년
戊	辛	己	丁
戌	未	酉	巳 (坤)

위의 사주는 아이를 10년 만에 가진 여성의 사주다. 태어난 일이 신(辛)금이다. 신(辛)금은 보석이다. 이미 보석이 된 금에게 불은 불필요한 존재다. 추수하는 계절 가을에 결실을 다 거둔 금에게 불은 오히려 결실을 다 태워 없애는 존재이기도 하다. 불필요한 불을 흙으로 거두어 들여 다시 금을 도와주는 것이 오히려 금에게는 부담일 수가 있다. 다행히 뿌리가 튼튼하다. 그 뿌리로 많은 흙을 감당 할 수 있는 점이 돋보이는 사주이기도 하다.

좋은 운을 부르는 방법

사주팔자를 보다보면 스스로 살아 남기위해 그것을 직업으로 택하는 경우도 있다. 이 사주의 주인공은 많은 토를 거둬 내기 위해 옷집을 운영하고 있는데 열심히 뛰어 다니는 모습을 볼 때마다 대견한 생각이 많이 든다. 어려운 여건을 스스로가 헤쳐 나가는 모습을 보면서 '99%의 노력 속에 1%의 운이 작용 할 때 성공하겠구나.' 라는 생각이 들었다.

옷은 의류다. 의류는 목(木)이다. 나무는 흙을 파고들어 뿌리를 내린다. 그러면서 흙을 거둬 낸다. 이 사주에서 필요한 부분이기도 하다. 그걸 맞추기 위해 스스로가 찾은 것이다.

4
運

남편이
언제 죽을까요?

나에게 남편에 대해서 말씀하신 어떤 여성분이 있었다. 2014
년 7월 어느 날 길에서 만났는데 대뜸 나에게 하는 말이 "우리 남
편 사주 기억나세요? 언제 죽는지 좀 가르쳐 주세요." 하는 것이
다. 순간 너무 놀라서 "기억이 안 나요." 했지만 그 당시에 남편분
사주에 인성이 무더기로 있었기에 속으로 '아! 인성 무더기로 있던
분' 생각하는 찰나에 "저 인간 빨리 죽었으면 좋겠어요. 너무 말을
안 들어요!" 이러는 것이다. 이 말을 듣고 바로 그 여성분에게 "그
런 마음가지면 더 오래 사시니까, 그런 마음 가지지 마세요." 하고
헤어졌다.

사주를 상담하면서 황당한 경우가 많았다. 특히 길에서 이런 질

문을 들을 때는 황당하기 짝이 없다. 그러나 그 여성분을 이해는 한다. 앞에 적혀 있듯이 인성이 무더기로 있다는 말은 꽝꽝 막혔다는 뜻이다. 남편 성격이 고지식하고 고집도 세다는 뜻이기도 하다. 옛날 선비들처럼 집에 처자식이 굶어 죽는데도 '공자 왈 맹자 왈' 책 펼쳐 놓고 꼼짝도 하지 않을 스타일이기 때문이다.

인성이 무더기로 있으면 게으르다. 인성은 어머니다. 어머니는 자식에게 무한정 주신다. 그러니 어머니가 사주에 많다는 것은 '내가 움직이지 않아도 어머니가 해주겠지.' 하는 마음이 많다는 뜻이 된다. 따라서 게으른 것이다. 게다가 고지식하니 말도 통하지 않는다.

아내 입장에서는 화가 치밀어 오를 수가 있는 것이다. 내 입장에서는 사람이 살고 죽는 것은 알아도 말 할 수가 없고 또한 잘 알지도 못한다. 간혹 알 때도 있지만 정확하게 알기가 쉽지는 않다.

'얼마나 답답하면 길에서 그런 말을 할까?' 하는 생각이 들면서도 '미우나 고우나 남편의 존재만으로도 좋은 것인데'라는 생각을 하게 된다. 그와 동시에 두 가지의 생각이 한꺼번에 들기도 했다. 사주팔자를 공부하게 되면 이 모든 것이 '내 팔자다.' 라는 생각을 가지게 된다. 내 사주에서 남편의 모습이 저런데 이 남편이 아닌 다른 남자를 만난다 해도 내 사주에 남편으로 들어오게 되면 똑같은 행동과 모습을 보이게 되어 있다. 남편을 탓하기 전에 내 팔자를 아는 것도 중요하다.

남편이 있는데도 제2의 남편, 즉 불륜을 저지는 경우도 많다. 중년에 오는 설렘은 꽃다운 소녀시절의 마음을 가지게 하니 정신적으로는 안 된다는 것을 알면서도 마음이 그렇게 되지 않아 고통스러워하는 모습도 많이 봤다. "선생님 저는 마음을 접으려고 노력을 많이 했어요. 하지만 머리로는 정리가 되는데 마음이 정리가 되지 않습니다. 그래서 미칠 것 같아요." 라고 하소연을 할 때 '저런 마음을 가지면 안 된다는 것을 알지만 얼마나 힘들면 저렇게 하소연을 할까?' 하며 동정 아닌 동정심이 생기기도 한다. 그 또한 스쳐가는 바람일 뿐인데 그 당시에는 첫 사랑의 아련한 아픔처럼 다가오는 것이다.

지금부터라도 내 사주팔자가 어떻게 생겼는지 이 책을 통해 공부해보고 현실을 인정하자. 그리고 현재를 사랑하며 충실히 살다보면 좋은 순간이 꼭 올 것이다.

5
運

집을 사도 될까요?
집이 언제 팔릴까요?

인간이 살면서 가장 기본적으로 이루어져야 할 것이 의식주다. 그 중에서 가장 궁금해 하는 것이 바로 집과 관련된 이야기이다. 집을 사는 사람도 있고, 팔아야 하는 사람도 있다.

집을 사려는 경우, 이 집을 실제 사도 되는지 질문을 많이 한다. 특히 아파트는 몇 동, 몇 호가 좋은지 물어 보는 경우가 많다. 이럴 때 원하는 동과 호를 적은 뒤 육효로 본다. 육효로 보면 그 집에 가서 어떤 일이 일어날 지가 나오기 때문에 자세한 설명이 가능하다.

육효가 뭔가? 육효는 주역에서 나온 것이다. 주역의 팔괘에 납갑*을 붙인 것이다. 육효는 여러 가지 방법으로 보는데 내가 가장

선호하는 방법이 척전 법이다. 척전 법은 동전으로 하는 것이다. 여기서 육효에 대한 이론을 간단히 설명하면, 동전 3개로 음과 양을 구분해서 여섯 번 동전을 던져서 나온 여섯 개의 괘로 상황을 보는 것을 말한다.

예를 들어 106동 1011호를 보고 왔다면 상담하는 사람에게 100원짜리 동전을 세 개 주면서 여섯 번 던지게 한다. 그리고 괘를 적고 풀이를 하게 된다. 그런데 이런 경우도 있다. 나온 괘 상에서 이미 이 집은 다른 사람이 계약했다고 나오는 경우다. 그 말을 해주면 방금 보고 왔다고 하는데 막상 전화해보면 이미 계약을 마친 경우도 있었다. 이 집을 사도되는지 안 되는지 명리이론으로도 알 수는 있지만 더 세세하게 나오는 것 같아 육효를 선호한다. 가장 좋은 결과는 재물도 벌어들이고 자손도 잘되고 남편도 좋은 경우가 되는데, 이 삼박자를 다 갖추기는 힘들다. 재물과 자식은 좋은데 남편이 스트레스를 많이 받든지 몸이 약해지든지 하는 경우도 있다. 또한 남편과 재물은 좋은데 자식에게 근심이 생길 수도 있다. 신은 공평해 좋은 것만 다 주지는 않는 것 같았다. 선택

---

* 납갑 : 효에 십이지지를 붙인것

은 늘 본인에게 주어지니 말이다. 이러한 조건을 말해줬을 때 선택은 본인이 한다. 살지 안 살지는 본인이 결정하는 것이다.

밖에서 볼 일 보고 있을 때 전화벨이 울린다. "며칠 전에 집 문제 때문에 상담했었는데, 몇 동 몇 호가 났는데 그 집은 어떤가요?"라며 묻는 전화다. 상담 시간이 아닌데 이런 전화를 받으면 은근히 스트레스다. 본인이 살 집인데 어떻게 이렇게 쉽게 생각하고 질문하는지 의문이다. 상담을 받는 사람도, 상담을 하는 사람도 준비가 되어야 한다. 길가다가 전화를 받고 질문에 대한 응대를 할 때 제대로 된 답을 주기가 어렵다. 일단 마음이 움직이지 않기 때문이다. 이런 분들은 결국 마음에 드는 집을 구하는 걸 보지 못했다. 이 또한 운의 영향인지 아직 의문점으로 남아 있다.

집을 팔려고 할 때 언제 팔리는지 답답해하시는 분들도 많다. 살고 있는 집이 팔려야 다른 집으로 갈 수가 있기 때문이다. 한 해 운에서 문서 운이 들어오면 그 문서 운이 움직이는 달에 집 매매가 이루어지기도 한다.

육효로도 집 매매를 볼 수가 있는데 육충괘라고 하는 것이 있다. 이 괘가 나오면 일주일 안에 팔지 못하면 오랜 시간이 걸린다.

한복집을 운영하는 분이 계신다. 그 분은 한복집을 내 놓아도 가게가 나가지 않아 상담을 했는데 육충괘가 나왔다. 일주일 안에 팔지 못하면 팔기 힘들다고 했는데 실제 일 년 넘게 팔지 못하다가 2017년 子월에 매매가 되었다.

집을 사고자 하는 사람도 집을 팔고자 하는 사람도 집 문제는 쉬운 일이 아니다. 어떤 집을 가야 잘 살 수 있을지 누구에게나 숙제가 되는 것이다. 그 숙제를 잘 풀어줘야 하는데 이 또한 쉬운 일은 아니다. 같이 마음을 모아서 숙제를 잘 풀어 나가는 것이 가장 좋은 상담 방법이기도 하다.

좋은 운을 부르는 방법

6

우연히 길에서 본
한자

2016년 7월 유난히 더운 여름날 시어머니 장례를 치르고 군에서 휴가 나온 아들을 고속버스 터미널까지 데려다 주러 가는 길이었다. 피곤한 몸을 이끌고 가는데 상담전화가 왔다. "여보세요 거제도의 모모 씨 소개로 전화 드렸는데 지금 상담 가능한가요?" 차안이라 상담을 할 수가 없어서 "지금은 안 되고 두 시간 뒤에 상담이 가능합니다." "그러면 두 시간 뒤에 다시 전화 드리겠습니다." 라며 전화를 끊었다.

전화를 끊고 터미널까지 가는데 표지판이 눈에 들어왔다. 표지판에는 광안리가 한자로 쓰여 있었다. 부산에 40년 넘게 살았지만 광안리를 한자로 쓴 것은 처음 봤다. 광자가 한자로 광(廣)으로 쓰여 져 있었는데, 순간 이렇게 보이는 것은 어떤 의미가 있다는 생각이 들었다. 그래서 광^(廣)을 파자를 해보았다. 광^(廣)을 보는 순간 广^(집 엄)자 안에 黃^(누를 황)이 들어가 있는 것이다. 여기서 누를 황에는 田^(밭전 자)가 들어간다. 집안에 밭이라 전화 하신 분이 혹시 땅 문제, 즉 부동산 문제로 상담을 원한 것이지 않을까 했다. 밭은 土^(토)이다. 흙은 땅이나 부동산이다. 그렇게 예측하며 아들을 데려다 주고 집에 와서 상담을 했는데 아나나 다를까 전원주택 사업을 하는 분이셨다.

한자는 속에 뜻이 있다. 따라서 한자로도 운을 볼 수가 있다. 파자를 잘 하는 분은 종이에 한자를 아무것이나 하나 써보라고 한다. 아무렇게 쓴 한자에서 그 사람의 운을 읽는 것이다. 이것을 바로 파자점이라고 한다. 난 실력이 안 되어서 어쩌다 쉬운 것은 아는데 대체적으로 어려워서 잘은 모른다.

파자점을 보는 사람이 이성계에게 한자를 하나 짚어 보라고 하니, 이성계가 問^(문)자를 짚었다고 한다. 파자 점을 보는 사람은 問자를 해석하기를 군왕지상^(君王之相)이라고 했다고 한다. 問^(문)이 왜 군왕지상이 되는가? 門 + 口를 보면 문 양쪽 밑에 입구 자가 들어가면 君^(임금 군)이 된다. 문^(門)이 두 개이니 좌우가 다 君^(임금 군)이 된다. 그래서 군왕지상이라고 한 것이다.

좋은 운을 부르는 방법

2014년 갑오(甲午)년에 있었던 일이다. 그때 지방선거가 있었다. 갑오(甲午)년을 보면 갑(甲)은 나무다. 오(午)는 불이다. 나무가 불에 타는 모습이다. 우리들의 성씨 중에 甲(갑), 즉 나무를 의미하는 대표적인 성씨가 박(朴)씨이다. 박(朴)씨가 불에 타는 모습이다. 붉은 화기에 나무가 타는 모습이므로 갑오년은 박(朴)씨가 경쟁에서 이기기가 힘들다. 사주에 물 기운이 있다든지 선거하는 장소가 물의 기운이 있는 곳이라면 조금 낫다. 그 해에 유독 눈에 띄는 사람이 있었다. 박(朴)씨 성을 가졌는데 선거 색깔도 붉은 색이였다. '저 분 떨어지겠는데' 하는 마음이 많이 들어 몇 번 말해 줄까 말까 하다가 이것을 믿지 않는 분들에게는 실례가 되므로 혼자 속으로 안타까웠다. 그런 마음을 가지고 있는 중에 길에서 그 분의 선거 차량을 봤는데 크게 적혀 있는 한자가 눈에 들어왔다. 그것은 '本' 이었다. '아…, 어쩜 저 한자를' 하며 떨어질 것이라는 확신이 더욱 들었는데, 결과는 당선 되지 못했다.

本(본)을 파자하면 나무가 잘라져서 쓰러지는 모습이다. 나무는 박(朴)씨인데 박(朴)씨의 뿌리를 잘라버린 모습이니 이길 수가 없는 것이다. 木(목)을 一(일)자로 잘라버린 모습이다. 이것이 파자이다. 실생활에서도 사주를 몰라도 이러한 움직임의 결과물로도 알 수가 있는 것이다. 우리가 평상시에 아무렇지도 않게 하는 행동 속에서도 운을 감지 할 수가 있다. 조짐이라는 것이 바로 이런 것이다. 살다보면 가끔 느낌으로 아는 경우가 있다. 그것이 바로 인간이 가지고 있는 최고의 숨은 능력 '직감' 또는 '촉'이라는 것이다. 누구나에게 다 있다. 그것을 자꾸 갈고 닦으면 되는데 우리는 그 좋은 능력을 쓰지 않아서 퇴화해 버린 경우가 많다. 아무리 배워도 쓰지 않으면 소용이 없다. 공자도 배우고 익히지 않으면 안 된다고 했다. 사주팔자를 공부하면서 배우고 익히지 않고 쓰지 않는다면 그냥 종이쪼가리 일뿐이라는 걸 깨닫게 된다. 운을 보는 방법에는 여러 가지 있다. 어느 것이 맞는지는 본인 역량에 달려 있다. 그것을 알아내어 스스로 운을 개척해 나가는 것도 좋은 방법이다.

좋은 운을 부르는 방법

7

運

마당에 비둘기가 떨어져
죽어 있다

2016년 1월 4일에 지인으로부터 전화가 왔다. 이 지인은 가게를 운영하고 있는 사람이다. 그 가게는 화장실에 가려면 마당을 지나야 했다. 이 마당은 가게만 사용해서 아무나 들어갈 수가 없다.

"마당에 비둘기가 떨어져 죽어 있는데 무서워서 화장실을 못 가겠다." 라며 전화기 넘어서 두려움에 떨고 있는 목소리가 들려왔다. 전화가 오기 전날인 3일 날, 그 지인부부와 우리부부가 함께 팔공산 갓 바위와 동화사 그리고 만불사 이렇게 세 군데의 절을 돌며 2016년 한 해가 무탈할 수 있도록 기원하며 기도도 하고 서로 기분 좋게 다녀왔다. 그러나 다음날인 4일 날 마당에 비둘기가 떨어져 죽어 있으니 얼마나 불길하게 생각을 했을까? 하는 마음에 이 지인의 가족 사주는 모두 알고 있는 나로써 남편의 사주를 떠올렸다. 남편의 사주는 庚(경)금 일간이었다. 2016년 1월 4일의 일진은 乙酉(을유)일이었다.

일진은 육십갑자 중에 하루에 해당하는 날을 말한다. 그날 일진을 아는 방법으로는 절에서 주는 달력에 보면 날짜 밑에 한자로 육십갑자가 순서대로 적혀 있다. 그 육십갑자 중에 하나로 일진을 보는 것이다. 2016년 1월 4일의 달력을 보면 乙酉(을유)일이라고 적혀있다.

사주팔자를 분석하고 운을 알아보는 방법에는 일진을 가지고 운을 보는 법도 있다. 그것을 일진법이라고 한다. 어떤 사건에 대해서 그 사건이 의미하는 내용을 알기 위해서는 일진을 활용하여 보는 법이 있는데 그날도 일진으로 사건을 분석해서 지인에게 답을 줬다.

"그거 돈 들어오는 거예요. 대부분의 사람들은 아침에 그릇이 깨어져도 나쁜 일이 일어날 것이라고 생각하는데 그렇지 않은 경우가 많아요. 하루 들어오는 기운을 보고 다르게 판단해야하니 신경 쓰지 마세요." 이렇게 말을 건넸다. 그랬더니 "그럼 월급이 오르려나? 그렇지 않아도 월급이 오른다고 하던데?" "아마 그럴 수도 있겠네요." 하며 지인을 안심시켜줬다.

　그 일이 있던 저녁에 지인의 남편 회사에서 사장님이 직원 7명만 따로 불러서 각각 50만원씩 보너스로 줬다고 한다. 월급이 오르면 좋았겠지만 돈이 들어온 것은 사실이다. 월급 이야기에서 남편 사주를 비둘기와 연결 시켜서 보았던 것이다.

　비둘기는 새다. 천간의 乙(을)은 새를 의미하기도 한다. 경(庚)금 일간에게 乙(을)은 정재이다. 정재는 돈이다. 그러므로 돈이 들어온 것이다.

　길을 가다가도 새똥을 맞을 수가 있다. 옛날 어르신들 말씀에 머리에 새똥을 맞으면 상(喪) 당할 일이 생긴다고 하였다. 1999년 여름 길을 가는데 머리 위로 새똥이 떨어지는 것이다.

　그 당시 친정 엄마가 투병 중이였기에 옛 어르신들 말씀이 생각나서 불길했었는데, 새똥 맞고 얼마 지나지 않아 친정 엄마가 돌아가시는 일이 발생했다. 그때 트라우마가 생겨서 그런지 새똥만 떨어지면 불길한 생각이 들었다.

　하지만 사주를 공부한 뒤로는 그 트라우마는 없어졌다. 위의 사례처럼 새똥이 떨어지는 그날의 기운에 따라 길(吉), 흉(凶)이 달라지기 때문이다. 그날 일진에 새똥을 맞아서 좋은 일이 생길 운이라면 다행이고, 나쁜 일이 생길 운이라면 피하면 된다. 피흉추길 (避凶趨吉)은 흉한 것은 피하고 길한 것은 따른다는 뜻이다. 사주를 배우고 익히다보면 이러한 일들에 대해 알아가며 답을 찾을 수가 있다.

5장

좋은 운을
끌어들이는 방법

1

내게 맞는 색,
맞지 않는 색

　의식주가 인간이 살아가는데 중요한 이유는 먹고 입고 자고가 잘 되어야지만 건강한 삶을 살아갈 수가 있기 때문이다. 먹지 못하고 추운데 입지 못하고 편안하게 잘 수 없다면 우리의 신체 리듬은 깨어지게 되어 몸이 망가져 버린다. 몸이 망가져 버리면 좋은 기운을 받을 수가 없으니 하는 일 마다 막힘이 생기게 된다. 음식 관련해서는 제 2장 '띠별 맞는 음식과 맞지 않는 음식'*을 참고하면 된다. 여기서는 옷을 입을 때 어떤 색을 입어야 하는지에 대

---

* p153 참고

해 적고자 한다.

　면접이나 시험을 보러 갈 때 등 중요한 일이 있을 때 입고 가면 좋은 색깔이다. 거기에 평상시 소지해야 할 물건, 방안의 벽지나 색깔이 필요한 어떤 물건이든 나에게 필요한 색상이 있을 것이다. 나의 사주에서 음양의 조화가 어긋났을 때 조화를 맞추기 위해 색상으로 보완해주는 방법이다. 이름으로 사주를 보완해주는 방법처럼 사주에 필요한 부분을 보완해주는 방법은 다양하게 있다. 그 중에서 색상도 중요한 부분을 차지한다.

　색상을 논하기 전에 '住(주)' 살아야하는 집에 대해서 설명한다면, 집은 가족 수에 비해 너무 커서도 안 된다. 큰 집을 선호하지만 가족 수에 비해 너무 커버리면 집안에 음기(陰氣)가 가득차기 때문에 좋지 못하다. 양기(陽氣)는 살아있는 기운이다. 음기(陰氣)는 죽은 기운이다. 그래서 산소에는 죽은 사람들이 많아 음기(陰氣)가 가득하다고 말한다. 그런 음기(陰氣)가 집안에 있어서는 안 된다. 그것은 죽은 생명과도 같기 때문이다. 그러므로 음기(陰氣)가 있는 곳에는 살아 숨 쉬는 식물을 키우는 것도 도움이 된다.

　"큰 집에 살아도 돈만 잘 벌던데요?" 라고 질문할 수도 있다. 그러나 살펴보면 돈은 많아도 가족관계가 좋지 못하든지, 가족 중에 아픈 사람이 있어서 고통을 받을 수가 있는 것이다. 세상을 살아감에 있어서 돈은 중요하다. 하지만 돈이라는 것은 최소한의 행복을 누릴 수 있는 만큼만 있으면 된다. 그건 개인의 욕심에 의해 적당한 돈의 양은 달라지겠지만 행복을 넘어서 욕심을 낼 만큼의 금전은 살아가면서 중요하지는 않다. 가장 중요한 것은 내 자신이 행복한 것이다. 내 자신이 행복해지기 위해서는 가정을 이룬 사람들이라면 가정이 편안해야 내 자신도 행복한 것이다. 가정을 파괴할 만큼의 욕심이 가득한 재물 보다는 가정의 행복을 유지할 수 있는 정도의 재물만 있는 것이 더 좋을 수가 있는 것이다.

적당한 집에서 옹기종기 행복하게 살아가는 것이 의식주 중에 '주'로 써는 가장 좋다. 집안에 들어갔을 때 썰렁한 집이 있다. 집은 크고 좋지만 들어갔을 때 포근하지 않고 썰렁하면서 냉한 기운이 도는 집이 있다. 그런 집에 들어가면 운이 막히게 된다.

지인이 작아도 들어가면 포근하게 감싸는 집에 살다가 넓은 평수로 이사를 갔다. 이사를 갈 당시에 지인의 운세가 이사를 가면 좋지가 않았었다. "그 집에 이사 가면 안 좋은데 괜찮겠어요?"라고 말을 해줬다. 하지만 이미 작은 집에 살다가 큰 집을 보고 결심이 선 상태에서는 돌이킬 수가 없는 상태였다. 모두 그렇다. 좋은 집으로 이사 가면 처음에는 행복하다. 하지만 날이 갈수록 좋

좋은 운을 부르는 방법

지 못한 운들이 들어오게 되면서 나쁜 일들이 자꾸 생기는 것이다. 이사를 하고 어느 순간부터 좋은 일은 고사하고 나쁜 일만 자꾸 생겨 보는 이로 하여금 안타까움을 가지게 하였는데 그 집에서 빨리 벗어나야하지만 그 여건조차 마련되지 못하고 있는 실정이다. 그러므로 집을 고를 때는 크고 좋은 집보다 작아도 포근한 집을 골라야 한다. 그곳에는 따뜻한 기운이 순환됨으로 인해 가족이 행복하게 지낼 수가 있기 때문이다.

사주에서 많은 오행은 피하고, 사주에 없는 오행을 취하는 방법이 있다. 색상으로 보완해 주는 방법이다. 그중에서 우리가 매일 입는 옷 덮고 자는 이불 등은 참 중요하다. 인간은 옷을 입고 생활을 한다. 잠을 잘 때도 이불은 늘 함께 한다. 늘 곁에서 함께 하는 옷이나 이불을 통해 본인에게 맞는 색상을 취하는 것이다. 상담을 하다보면 다수가 궁금해 하는 부분이 있다. "저는 어떤 색깔의 옷을 입어야 하나요?"라는 질문이다. 사주에 水(수)가 많으면 검정색은 피해야한다. 水(수)는 물이다. 겨울에 태어난 사람이 사주에 물이 많다면 사주가 춥다고 볼 수가 있다. 추울 때는 따뜻한 기운이 필요하다. 그것은 火(화)이다. 水(수)는 오행으로 색상이 검정색이다. 火(화)는 오행의 색상으로는 붉은색이다. 그러므로 붉은색 옷이나 물건 등을 가지면 좋다. 추운 기운을 따뜻한 기운으로 바꿔줄 수 있기 때문이다. 반대로 사주에 火(화)가 많고 봄, 여름에 태어났다면 水(수)기운이 부족할 수가 있다. 이때는 붉은색보다 검정색을 위주로 생활에 적용해서 사용하면 된다. 가을에 태어나고 사주에 金(금)기운이 많고 木(목)과 火(화)의 기운이 약하다면 金(금)은 흰색이니 흰색은 피하고 木(목)은 청색이니 청색이나 火(화)의 색상인 붉은색을 가까이하는 것이 좋다.

이런 방법들이 색상으로 부족한 오행을 채워주고 음양을 맞추어 하나의 완성을 만드는 개운법이기도 하다. 개명을 통해서 사주에서 부족한 오행을 맞추어 주듯이 실생활에서는 색상이나 기타 필요한 오행에 해당되는 색상을 평소 쓰는 물건을 통해 보충해주는 것이다. 사주에 木(목)이 재물인데 木(목)이 없거나, 있어도 아주 약하다면 집안에 화초를 많이 키우는 방법이 있다. 木(목)이 약하다보니 화초가 잘 죽는다. 그래서 키우지 않는다고 말하는 사람들도 있다. 그럴 때마다 해주는 말이 있다. "저도 사주에 목이 없어서 화초를 매일 죽이지만 그래도 포기하지 않고 새로운 화초를 또 들이고 합니다. 그러다보니 화초가 잘 자라는 시기가 오는데 그때 재물운 또한 좋아 지더군요." 라며 말을 해준다. 실제 겪은 나의 이야기다.

좋은 운을 부르는 방법

나와 남편에게는 木(목)이 재물이다. 남편과 나의 사주에 木(목) 기운이 약하다. 그런 이유에서인지 화초를 잘 못 키운다. 사주를 공부하기 전에는 죽으면 그대로 방치해서 버리고 사지 않았는데 사주 공부 한 뒤로는 화초가 메말라 죽으면 늘 새로운 화초를 집 안으로 들였다. 그렇게 하고 나니 재물 운이 좋아짐을 알 수가 있었다. 남편 같은 경우에는 처음에는 믿지 않았지만 실제 눈으로 본 뒤로는 화초에 대한 애정이 남다르다. 이렇게 사람도 변하게 하는 것이 개운법이다. 포기하지 말고 개운 법을 통해 좋은 운을 끌어 들이도록 노력해야한다.

- 봄에 태어나 木(목)이 많을 경우에는 청색은 좋지 못하고 흰색이나 붉은색이 좋다.
- 여름에 태어나 火(화)가 많을 경우에는 붉은색은 좋지 못하고 검정색이나 노란색이 좋다.
- 가을에 태어나 金(금)이 많을 경우에는 흰색은 좋지 못하고 붉은색, 검정색, 청색이 좋다.
- 겨울에 태어나 水(수)가 많을 경우에는 검정색은 좋지 못하고 붉은색, 청색이 좋다.
- 진술축미월에 태어나 土(토)가 많을 경우에는 흰색이나 청색이 좋다.

辰戌丑未(진술축미)월을 아는 방법은 만세력에서 월지를 보면 辰戌丑未(진술축미)가 있을 경우를 말한다. 태어난 일간을 토대로 해서 '어느 계절에 태어났는지'와 '어느 오행이 강한지'에 따라 색상을 결정하면 된다. 어떤 색상을 추구할 것인지, 피할 것인지를 본인의 사주팔자를 펼쳐놓고 일간이 甲(갑)일 경우에 寅卯(인묘)월에 태어나고 사주팔자 내에 甲乙寅卯(갑을인묘)가 많이 차지하고 있을 경우에 청색은 좋지 못하고 흰색이나 붉은색이 좋다고 판단하면 된다. 나머지 일간과 오행도 마찬가지다. 여기서 많다함은 일간을 제외하고 3개 이상일 경우를 말한다.

그리고 삼합을 이루어 변한 오행이 木火金水(목화금수)일 때는 더욱 강하다고 보고 그 오행의 색깔은 피하는 것이 좋다. 삼합이란 세 가지 오행이 합을 이루어 각기 다른 오행이지만 하나의 오행으로 변하는 것을 말한다.

亥卯未(해묘미)는 木이다.
巳酉丑(사유축)은 金이다.
寅午戌(인오술)은 火이다.
申子辰(신자진)은 水이다.

사주 지지에 寅과 午와 戌이 다 있을 경우에는 불기운이 강하

다고 본다. 불은 火이다. 丙^(병)화나 丁^(정)화 일간이면서 지지에
寅午戌^(인오술)이 다 있다면 불이 활활 타오르는 모습이니 붉은색
은 불기운을 더하므로 좋지가 않고 이때는 水^(수)의 색상인 검정색
이 좋다. 그러나 너무 활활 타는 불에 어설픈 물을 끼얹으면 불이
더 타는 모습이기 때문에 이 불의 기운을 빼주기 위해 흙으로 대
신할 경우도 있다. 여기서 흙은 土^(토)이다. 土^(토)의 색상은 노란
색이다. 황토색도 된다. 그러므로 검정색이나 노란색, 황토색을
이용하여 필요한 오행을 보완하는 것이다. 나머지 삼합도 마찬가
지이다.

2
運

운이 막히고
답답할 때

우리가 살다보면 아무리 노력을 해도 안 될 때가 있다. 운이 나를 도와주지 않을 때는 미치고 환장할 노릇이다. 그럴 때 우리들은 어딘가에 기대고 싶어 한다. 종교가 있다면 그 종교와 관련되어 기도를 하기도 하고, 무속인을 찾아가서 굿을 하기도 한다. 나에게는 30년 넘게 대구에서 철학관을 하시면서 후학들에게 많은 가르침을 주시는 강용건 선생님이 계신다. 선생님께서 실제로 이 방법을 손님들에게 가르쳐주시고 효험도 본 방법이라고 하신다.

중국에는 부자 되는 그림이 있다고 한다. 九魚圖(구어도)라는 그림인데 이 그림이 집안에 있으면 금전적으로 윤택해진다고 한다. 하지만 이 구어도를 구하는 것은 힘들다고 한다. 그 점을 착안해

좋은 운을 부르는 방법

서 만든 것이 글로써 구어도를 대신하는 방법이다.

九魚圖(구어도)는 아홉 마리의 물고기 그림이다. 왜 아홉 마리인
가? 그 이유는 9수를 제일 큰 수로 생각하기 때문에 9마리의 물고
기를 그려 넣은 것이다. 그림을 구할 수 없으니 글로 써서 몸에 지
니고 다니든지 집에 붙여두면 효과가 있다고 한다.

"九魚遊泳　滿堂吉祥足"(구어유영 만당길상족)

'아홉 마리의 물고기가 즐겁게 헤엄을 치고 있으니 상서롭고 길
한 기운이 집안에 가득 찬다'는 뜻이다. 이 글씨를 붉은색 수성 펜
으로 A4용지 가로 9센티 세로 16센티로 잘라서 집안 가장의 띠
방향에 붙이든지 몸에 지니고 다니면 된다. 글씨는 세로로 써야
한다.

호랑이띠, 말띠, 개띠일 경우에는 서북쪽 벽에 붙인다.

돼지띠, 토끼띠, 양띠일 경우에는 서남쪽 벽에 붙인다.

뱀띠, 닭띠, 소띠일 경우에는 동북쪽 벽에 붙인다.

원숭이띠, 쥐띠, 용띠일 경우에는 동남쪽 벽에 붙인다.

각 띠별 방향이다. 집안에 한 사람만 하면 되는데 가장을 위주로 하면 된다. 남편이 돼지띠라면 서남방향에 붙이면 된다.

작은 실천이 운을 바꾸기도 한다. '나는 못 한다'는 것에서 벗어나서 '할 수 있다'로 바꿔 보는 것도 운의 변화를 가져다 줄 수가 있다. 운을 바꾸는 것도 게으르면 할 수가 없다. 부지런한 사람이 좋은 운도 먼저 가져가는 것이다.

좋은 운을 부르는 방법

3

집이 팔리지 않을 때
하는 방법

집을 내 놓아도 팔리지 않아 이사를 갈 때 고생하는 경우가 많다. 요즘처럼 부동산 경기가 좋지 않을 때는 사러 오는 사람이 없다. 집이 팔려야지 다른 곳으로 이동을 할 수 있는데 그렇지 못할 경우에 마음고생이 말이 아니다. 집뿐만이 아니라 가게매매도 마찬가지다. 불경기에 장사는 되지 않고 집세는 꼬박꼬박 내야하니 피가 말리는 기분일 것이다. 이럴 때 집이나 가게가 잘 나가게 하려고 부적을 쓰기도 한다. 부적도 효험은 있다. 누가 쓰냐에 따라서 달라진다. 부적을 쓰는 사람에 따라 그 부적에 깃들여 있는 기운이 다르기 때문이다. 지금부터 쓸 집이 팔리게 하는 방법은 2011년도에 강용건 선생님께 배운 내용이다.

첫 번째 방법으로는 생계란 한 개와 붉은색 펜이 필요하다. 생계란은 냉장고에 들어가지 않은 것으로 준비를 해야 한다. 생계란에 붉은색 펜으로 '急通元吉 天地人通 元亨利貞^(급통원길 천지인통 원형이정)'이라고 적어 초저녁이나 저녁쯤에 사람이 많이 다니는 인도에 두고 오면 된다. 이 방법은 그리 어렵지는 않다. 한문은 위에 적혀 있는 대로 쓰면 된다.

急通元吉 天地人通 元亨利貞

急通元吉(급통원길)은 으뜸으로 길함이 빠르게 통하게 한다는 뜻이다.
天地人通(천지인통)은 하늘과 땅 사이에서 인간의 뜻이 통한다는 의미이다.
元亨利貞(원형이정)은 크게 형통하고 바르면 이롭다는 뜻이다.

한자의 뜻을 실제 생활에 응용해서 활용한 것이다.

두 번째 방법으로는 붉은 마른 고추 세 개가 필요하다. 그리고 메주콩 아홉 알과 실이 필요하다. 마른 고추는 씨를 털어 내어 준비하고 메주콩은 아홉 알을 세알씩 나누어서 씨를 털어낸 붉은 마

좋은 운을 부르는 방법

른 고추에 넣고 실로 매어서 사람이 많이 다니는 인도에 두도록 한다. 이 또한 초저녁이나 저녁에 행하면 된다.

세 번째 방법으로는 사람의 성씨를 백 개 써서 집안의 가장의 띠를 기준으로 벽에 붙인다. A4용지를 가로 9.5센티 세로 14.5센티로 잘라서 용지 안에 붉은색 펜으로 백 개의 성씨를 적는다. 여기서 중요한 것은 성씨를 한자로 써야한다. 김 씨일 경우에 金이라고 써야하고 이 씨일 경우에는 李라고 용지에 써야한다. 집안의 가장의 띠를 기준으로 해서 벽에 붙이면 된다.

> 호랑이띠, 말띠, 개띠일 경우에는 서쪽 벽에 붙인다.
> 돼지띠, 토끼띠, 양띠일 경우에는 남쪽 벽에 붙인다.
> 뱀띠, 닭띠, 소띠일 경우에는 북쪽 벽에 붙인다.
> 원숭이띠, 쥐띠, 용띠일 경우에는 동쪽 벽에 붙인다.

가장의 띠가 호랑이띠라면 A4용지에 붉은색 펜으로 쓴 백 개의 성씨를 서쪽 벽에 붙이면 된다.

4

부부(연인)간의
애정을 높이는 방법

2018년 무술년 현재 나의 결혼생활은 25년째 이어지고 있다. 25년의 결혼생활이 만족스럽지만은 않았다. 결혼을 한 사람이라면 다들 공감할 것이다. 희로애락이 결혼생활 25년 안에 다 들어가 있기 때문이다. 운이 안 좋을 때는 부부싸움으로 인한 이혼까지도 생각한 적이 있다. 실제 이혼까지는 이어지지 않았지만, 이런 고비들을 넘겨가며 25년이라는 세월이 흐른 것이다.

나의 사주는 강한 사주이다 보니 고집이 세다. 金(금) 기운으로 뭉쳐 있으니 더욱 그런 면이 많이 작용을 한다. 사주를 알면 스스로 고쳐가며 살 수가 있다. 강한 기운은 빼줘야 한다. 기운을 빼는 것은 '식상'이다. 식상은 여자에게 자식이다. 그러므로 자식을 보고 살아가는 것이다. 남편의 사주는 물의 기운이 강하다. 물의 기운은 남편에게는 식상이다. 식상이 강하니, 그 강한 식상을 빼줘야 한다. 강한 기운을 빼준다는 것을 설기(洩氣)라고 한다. 기운을 뺀다는 뜻이다.

식상이 강할 때는 재성**을 생함으로 인해 식상의 기운을 설기시킬 수가 있는 것이다. 남편에게는 재성이 부인이다. 그러므로 남편은 자식보다 부인을 보고 사는 것이다. 이렇게 순환되어서 살아가는 경우도 있지만 뜻하지 않게 애정에 금이 가는 경우가 있다. 나와 남편은 스스로 강한 기운을 빼주며 살다보니 애정에 금이 가지는 않았기에 이혼까지는 하지 않았던 것이다.

요즘은 이혼을 많이 한다. 성격차이라고도 하지만 애정에 문제가 없다면 성격차이는 극복할 수 있다. 한 쪽이 일방적으로 좋아하고, 다른 한쪽은 거부한다면 그 또한 문제가 된다. 이런 경우를 위해 부부나 연인 간에 애정 운을 높이는 방법을 배웠다. 이 방법 또한 2011년도에 한참 사주를 배우러 다닐 때 강용건 선생님께 배운 내용이다. 강 선생님께서는 실전에서 많은 사람들에게 돈을

---

* 식상 : 식신과 상관
**재성 : 정재와 편재

들이지 않고 개운할 수 있는 방법을 연구 하신 분이다. 그래서인지 강용건 선생님께 배운 개운 법은 효과 좋았다.

첫 번째 방법으로는 남편(남자친구)사주와 부인(여자친구)의 사주를 얇은 종이에 붉은색 펜으로 써서 상대방의 베개 속에 넣는 방법이다. 부부는 함께 살기 때문에 당사자가 베개 속에 넣으면 되지만 연인관계는 같이 살지 않으니 불가능하다. 이럴 때는 각자 지갑에 상대방의 사주를 넣고 다니면 된다.

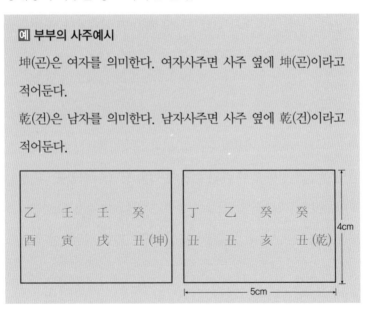

예 **부부의 사주예시**

坤(곤)은 여자를 의미한다. 여자사주면 사주 옆에 坤(곤)이라고 적어둔다.

乾(건)은 남자를 의미한다. 남자사주면 사주 옆에 乾(건)이라고 적어둔다.

乙	壬	壬	癸
酉	寅	戌	丑 (坤)

丁	乙	癸	癸
丑	丑	亥	丑 (乾)

4cm

5cm

이렇게 활용하면 돈을 들이지 않고도 애정운을 끌어당길 수가 있다. 만세력으로 생년월일시를 넣고 음력 양력을 표시한 뒤에 클릭만 하면 사주가 나온다. 나온 사주를 보고 종이에 붉은색 펜으로 그대로 옮겨 쓰면 된다. 너무나 쉬운 방법이다.

이렇게 쉬운 것도 어렵다고 못하겠다면 어쩔 수 없다. 일단, 사주는 한자가 나오다보니 모두들 어려워한다. 처음에 사주를 접했을 때 나 또한 한자 때문에 두려워했었다. 그러나 사주에 나오는 한자는 많지가 않다. 모두 중복되어진 한자다. 십간과 십이지지는 각각 10개와 12개다. 이것을 합하면 22개이다. 22개의 한자를 반복 보다보면 저절로 습득이 된다. 십간과 십이지지만 알아도 사주팔자를 봤을 때 한자에 대한 두려움이 없을 것이다.

5

運

초상집 갔다 왔을 때
주당 푸는 법

사회생활을 하다보면 많은 사람들을 알게 된다. 대인관계가 생기기 시작하면 상대방의 대소사에 참여해야하는 일들이 많이 발생한다. 돌잔치, 결혼식, 병문안, 초상집 등 가지 않을 수가 없는 상황이 생기게 된다. 하지만 잔치집이나 초상집 잘못 갔다 와서 탈이 나는 경우가 종종 있다.

어떤 여성분은 남편이 갑자기 이상하게 변했다고 한다. 화를 자주내고 아무 일도 아닌데도 눈빛도 무섭게 변하고 그래서 비위를 맞추려니 힘들고 무섭다고 하소연을 하는 것이다.

"혹시 남편 분 초상집 갔다 온 적 있어요?"

"글쎄요." 한참 생각을 하더니 "아! 참! 며칠 전에 초상집에 갔다 왔어요."라며 말을 하는 것이다.

"초상집 가서 주당 묻혀왔네요. 제가 시키는 대로 해 보세요."
하며 방법을 가르쳐 줬다.

그리고 얼마 뒤 "남편이 이제 눈빛도 정상이고 괜찮아졌어요."
라고 말하는 것이다.

이것이 미신인지 아닌지는 겪어본 사람은 안다. 나 또한 겪어
봤기에 무시하지 못한다.

2017년 우리 집을 방문하는 사람들 중에, 그 사람들만 왔다 가
면 싱싱하던 녹보수의 잎이 마르고 떨어졌다. 안시윰이라는 화초
도 마르고, 이런 현상을 보니 이상한 생각이 들었다.

잎이 마르고 떨어질 때 우리 집에 온 사람들의 이야기를 듣다보
면 초상집을 갔다 왔든지, 얼마 전 초상을 치른 사람들이었다. 대
화를 하다보면 뒤늦게 말을 한다. "고모부가 돌아가셔서 초상집
갔다 왔다.""시아버지가 돌아가셔서 상(喪)치르고 왔다." 등으로
이야기를 하는 것이다. 하도 이상하여 강용건 선생님께 여쭤봤더
니 주당 푸는 방법 몇 가지 가르쳐 주셨다.

첫 번째 방법으로는 '吊(조)'를 붉은색으로 써서 화분에 붙이는
방법이다. 선생님께서 하시는 말씀이 "吊(조)라는 글자를 붉은색으

로 써서 붙이면 부정이 없어지거든 그런 사람이 왔다 가면 이 글자를 써서 화분에 붙이면 괜찮아진다." 라고 가르쳐 주셨다.

그리고 선생님의 아버지에 대한 말씀을 해주셨다. "옛날 아버지가 화초를 참 좋아하셨거든. 그런데 아버지가 돌아가시니까 집안에 화초가 다 죽어버리더라고. 그런데 삼오를 치르고 나니까 꽃이 다시 피어나 길래 참 신기했었는데, 지금 생각해보니 꽃도 하나의 기운이 있다 보니 상문이 있다든지, 상극이 된다든지, 일주와 반대의 성질이 영향을 미친다든지 하면 그 영향을 받는 것 같더라고." 이렇게 살아 숨 쉬는 화초와 죽은 사람과의 연결성에 관해 말씀해주셨다.

초상집에 갔다 오고 나서 가위눌림이 심해졌을 때가 있었다. 잠을 자는데 정신은 깨어있는 상태에서 몸이 움직이지를 않았다. 자는 순간에도 미칠 듯 힘들었다. 가위눌림을 당해 보면 알다시피 정신과 몸이 따로 분리된 기분이다. 잠을 자는 것이 무서울 정도로 가위눌림이 심했다. 어느 날 가위눌림이 심하게 일어났는데 억지로 눈을 떠보면 얼굴은 보이지 않고 남자처럼 보이는 체구의 사람이 나의 몸 위에 올라와서 팔을 누르고 일어나지 못하도록 하는 것이다. 억지로 그 사람을 떼어내고 몸을 일으켜 일어났을 때 식은땀이 날 정도로 가위눌림이 심한 날도 있었다. 초상집에 다녀와서 그런가 싶은 생각이 들어 주당 푸는 방법을 썼더니 그 뒤로 가위눌림 증세가 없어졌다.

두 번째 방법으로는 '周堂燒滅(주당소멸)'이라는 글을 붉은색으로 A4용지 가로 4센티 세로 5센티로 잘라서 쓴 다음 "주당을 풀어달라"고 말하면서 초상집에 갔다 온 당사자의 띠 방향을 보고 태우는 것이다.

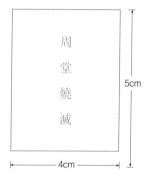

호랑이띠, 말띠, 개띠의 당사자는 서쪽방향을 보고 태운다.
돼지띠, 토끼띠, 양띠의 당사자는 남쪽방향을 보고 태운다.
뱀띠, 닭띠, 소띠의 당사자는 북쪽방향을 보고 태운다.
원숭이띠, 쥐띠, 용띠의 당사자는 동쪽방향을 보고 태운다.

띠별로 보고 이 방향을 향해서 태우면 된다. 태우고 나면 남는 재는 버리면 된다. 초상집에 갈 때 소금을 넣고 가도 된다. 주당을 묻어 올 경우에 이 방법을 써보는 것도 삶의 지혜가 될 수가 있다. 옛날부터 내려오는 미신이라고 말할 수 있다. 하지만 주변에서 겪는 일들을 보다 보면 미신으로만 생각하는 것은 아닌듯하다.

우리 조상님들이 겪고 느꼈던 것들이 실제 살아가면서 일상생활 속에서 나오는 것을 보면 알 수 있는 부분이다.

좋은 운을 부르는 방법

6

공부 잘하게
하는 방법

공부는 학생이 해야 할일 중에서 가장 중요한 부분이기도 하다. 고등학교를 갈 때 인문계를 가야할지, 실업계를 가야할지, 이 또한 갈 곳이 없다면 그 만큼 부모 입장에서는 스트레스가 아닐 수 없다. 자녀 관련 상담을 할 경우 다음과 같은 말을 늘 듣는다.

"우리애가 갈 만한 학교가 없어요. 선생님은 이 학교는 가지 못한다고 하고, 저는 이 학교라도 보내고 싶어 하고, 어떻게 해야 할까요?"

성적이 안 되다보니 고등학교 진학에 있어서 문제가 되는 경우도 많다. 학생일 경우에 학창 시절에 들어오는 운이 아주 중요하다. 사주자체가 더할 나위 없이 공부를 알아서 척척 하는 사주라면 이런 걱정도 할 필요가 없겠지만 그런 사주는 보기가 힘들다. 학창 시절에 재운이 들어오면 인성을 극하기 때문에 공부를 할 수가 없다. 여기서 재운이라는 것은 재성을 말한다. 사주를 펼쳤을 때 학생의 일간이 甲(갑)일간이라면 재성은 土(토)가 된다. 土(토)에는 천간으로는 戊(무)와 己(기)가 있고 지지로는 辰戌丑未(진술축미)가 있다. 甲(갑)일간의 인성은 水(수)이다. 水(수)는 천간으로 壬(임)과 癸(계)가 있고 지지로는 子(자)와 亥(해)가 있다. 土(토)는 흙이다. 흙은 물을 흡수하기도 하지만 물을 가두기도 한다. 土(토)재성이 水(수) 인성을 가두어 버리니 학생입장에서는 공부를 할 수가 없는 상황에 놓이게 되는 것이다. 인성은 문서, 학문이 되는데 학문이 갇혀 버리니 뜻을 펼치지지 못하게 되는 것이다. 흙속에 갇혀서 물이 흘러가지 못하고 고여 썩는다고 생각해보면 된다. 공부를 하려고 앉으면 "영희야 놀자." 하며 여기저기서 유혹을 하게 되는 것과 같은 것이다. 책만 펼치게 되면 냉장고도 한번 열어보고 싶고 그럴 때 일수록 게임만 하면 승승장구 하니 도통 공부가 되지가 않는 것이다. 이런 학생에게 '공부 안하나?' 하고 감시한다면, 감시를 피해서 졸든지 놀든지 둘 중 하나를 하게 되는 것이다.

좋은 운을 부르는 방법

여학생 같은 경우에는 상관운이 오면 스스로를 꾸미려고 한다. 그렇다보니 화장품에 관심을 가지게 되고 화장하는데 몰두하게 되는 경우도 많다.

"우리 애는 아침마다 화장하고 학교를 가요. 야단을 쳐도 안 되네요." 이런 말을 하는 학생의 사주를 보면 상관운이 와 있는 경우가 많았다. 이럴 때는 어쩔 수 없으므로 학교의 규칙에 위반 되지 않는 범위에서는 눈 감아 주는 것이 엄마도 아이도 서로의 감정을 소모하지 않는 방법이 되기도 한다. 보고 있으면 순간적으로 화가 나지만 말을 해도 소용이 없으니 수위를 낮추어 꾸밀 수 있도록 말해주는 것이 오히려 더 나을 수 있다.

이러한 경우에 그나마 조금이라도 공부를 할 수 있게 하는 방법이 없는지에 대해 물어보곤 한다. 이런 물음에 대한 연구를 하게 되는데 답을 찾기 힘들다. 그래서 30년 넘게 상담하시면서 개운법을 찾아내신 강용건 선생님께서 여쭈어 봤다. 선생님은 연구하신 개운법을 아무런 조건 없이 가르쳐 주셨다. 나 또한 재운이 올 때 명리공부가 되지 않아서 써 본적이 있다. 잠시지만 효과가 있었기에 이 방법을 조금이나마 도움이 되지 않을까 싶어 공개하려고 한다. 중요한 시험을 앞두고 있을 때 이 방법을 써보는 것도 손 놓고 있는 것보다 나을 수가 있을 것이다.

'학업열중 총명충만 급급여율령'이라는 말이다. 이 글씨를 종이
에 붉은색으로 써서 당사자의 띠 방향을 보고 '학업에 열중하여 공
부를 잘 할 수 있게 해 주세요.' 라고 빌면서 태운다.

호랑이띠, 말띠, 개띠의 당사자는 동북방향을 보고 태운다.
돼지띠, 토끼띠, 양띠의 당사자는 서북방향을 보고 태운다.
뱀띠, 닭띠, 소띠의 당사자는 동남방향을 보고 태운다.
원숭이띠, 쥐띠, 용띠의 당사자는 서남방향을 보고 태운다.

이와 같은 방법으로 해당 학생의 띠에 맞는 방향을 보면서 진심
으로 빌면 하늘과 땅의 기운이 함께하여 도움이 될 수가 있다. 이
방법을 쓴다고 해서 무조건 이루어지는 것은 아니다. 하나의 기도
방법이라고 생각하면 된다. 비싼 돈을 들여서 하기 보다는 진심어
린 마음으로 해본다면 도움이 될 수가 있을 것이다.

7

運

돈 때문에 고민일 때 쓰면 좋은 방법

누구든지 돈 때문에 고민을 안 해 본 사람은 없을 것이다. 먹고 살기위해 열심히 노력을 하지만 뜻대로 되지 않고, 허리띠 동여매고 아껴가며 살아가는데도 돈이 모이지가 않을 때가 있다.

돈이라는 것은 사람을 살리기도 하고 죽이기도 하는 무서운 존재다. 우리가 사는 세상에서 가장 무서운 것이 돈이기도 하다. 돈 때문에 사람을 배신하고 살인을 저지르기도 한다. 그러나 그 돈으로 인해 먹고 사는 것에 행복을 느끼기도 한다.

'돈'이란 이렇듯 이중적인 모습을 가지고 있다. 예전에는 사람을 죽이고 살리는 직업을 의사 · 검사 · 판사 · 경찰 등으로 봤다면 지금은 돈으로도 본다. 돈으로 사람을 죽이고 살리기 때문이다. 직업을 판단할 때 사람을 죽이고 살리는 직업 중에는 금전과 관련된 직업을 보기도 한다. 그 만큼 돈이라는 존재가 무서운 것이다.

돈이 필요할 때 어디서도 구할 수 없을 때가 있다. 이럴 경우 누군가가 돈을 준다면 목숨보다 귀한 돈이 되기도 한다.

지인 중에 돈이 늘 궁한 분이 있었다. 다음의 방법을 배우고 가르쳐 줬는데, 이 방법을 쓰고 돈이 생겼다고 한다. 큰 돈은 아니다. 여기서 돈이 생긴다고 하면 로또나 복권에 당첨되는 그런 것을 생각할 수 있다. 하지만 그런 것이 아니라 정말 필요한 돈을 말한다. 이 방법을 써도 안 생길 수도 있다. 그러나 답답한 마음을 조금이나 풀어 보고자 방법을 알려주는 것이다. 다행이 지인은 돈이 생겼지만 이 방법을 쓴 사람 중에는 생기지 않은 사람도 있을 것이다.

'생기지도 않는 사람도 있는데 왜 이런 방법을 가르쳐 주냐?'라고 물어 본다면 그 중에 생긴 사람도 있기 때문에 조금이라도 도움이 되고자 이 책에 적어 보는 것이다. 1%의 가능성이라도 있다면 그건 100%의 결과가 나올 수도 있기 때문이다.

쉬운 방법은 아니다. 49일간 꾸준히 해야 하므로 인내심이 필요하다. 쉽게 얻어 지는 것은 없다.

좋은 운을 부르는 방법

A4 용지를 가로 4센티 세로 9센티로 잘라서 그 속에 '錢(전)'자를 아홉 번 써서 자기 사주의 띠에 맞는 방향을 보고 '관세음보살'이나 '조상님'을 부른 후 태운다. 이 방법을 49일간 매일 하면 된다. 시간은 따로 구애 받지 않고 본인이 편한 시간에 하면 된다.

錢(금전 전)을 붉은 글씨로 아홉 번 써서 태우면 된다.

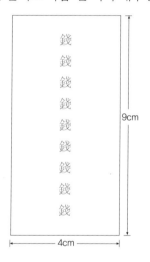

관세음보살님께 기도하고 태워야 할 때 띠별 방향

호랑이띠, 말띠, 개띠의 당사자는 서쪽방향을 보고 태운다.

돼지띠, 토끼띠, 양띠의 당사자는 남쪽방향을 보고 태운다.

뱀띠, 닭띠, 소띠의 당사자는 북쪽방향을 보고 태운다.

원숭이띠, 쥐띠, 용띠의 당사자는 동쪽방향을 보고 태운다.

조상님께 기도하고 태워야 할 때 띠별 방향

호랑이띠, 말띠, 개띠의 당사자는 동북방향을 보고 태운다.

돼지띠, 토끼띠, 양띠의 당사자는 서북방향을 보고 태운다.

뱀띠, 닭띠, 소띠의 당사자는 동남방향을 보고 태운다.

원숭이띠, 쥐띠, 용띠의 당사자는 서남방향을 보고 태운다.

이 방법 또한 강용건 선생님께 배운 방법이다. 이러한 방법들을 상담하시면서 찾아오는 분들에게 돈을 받지 않으시고 가르쳐 주신다. 그렇지 않아도 힘든 사람들에게 '돈을 받는다는 것은 옳지 않다'는 선생님의 깊은 철학이 담겨져 있기도 하다. 그 정신을 본받아서 나 또한 상담할 때 돈을 받지 않고 방법을 가르쳐 주고 있다. 그래서인지 상담을 하는 분들 중에는 "선생님은 진심으로 상담을 해줘서 좋습니다." 하고 말씀을 해주신다.

진심어린 마음은 통하게 되어 있다. 상담을 하다보면 사람들의 고민을 많이 접하게 된다. 그럴 때마다 도움을 주고 싶어도 방법을 몰라서 못할 때가 많다. 그러한 부분을 알고 선생님께서는 연구를 많이 하셨다. 연구를 하시고 그것을 후학들에게 또한 가르쳐 주셔서 타인들에게 도움이 될 수가 있었다.

'궁즉통(窮卽通)'이라는 말이 있다. 궁하면 즉 통한다는 뜻이다.

살면서 어려움에 처했을 때, 막다른 골목에 다다랐을 때 답이 나오는 경우도 있다. 그러한 면을 생각하고 답을 얻기 위해 연구하신 결과물이기도 하다. 힘들다고 포기하지 말고 방법을 찾아서 나아가다보면 답은 꼭 있게 되어 있다. 이 방법 또한 그 중에 하나일지 모른다.

6장

태어난 날짜를
모를 때
운을 보는 방법

1

주역으로
알 수 있는 것들

태어난 날짜를 모르면 사주팔자를 볼 수 없을까? 그렇지는 않다. 이런 저런 이유로 태어난 날짜를 알지 못해도 사주를 보는 방법이 있다. 사주 명리학에는 여러 가지 이론이 존재한다. 그 중에서 주역과 육효는 적중률이 높다. 알고 싶은 부분에 대해 질문을 하고 그것에 대한 답을 찾아 낼 수 있는 길이 되기도 한다.

주역은 사서삼경 중 하나인 역경에 들어간다. 易^(역)이란? 日^(일)과 月^(월), 즉 태양과 달이 낮과 밤을 돌아 왕래하면서 변화하는 것을 말한다. 日^(일)은 그대로 日을 말하고 日^(일)밑에 적혀 있는 '勿' 글씨는 月^(달 월)을 의미한다. 그러므로 易^(역)을 풀어보면 日^(일)과 月^(월)이 되는 것이다.

周易^(주역)은 주나라의 역이라는 말이다. 주역에는 64개의 괘가 있다. 64괘는 여섯 효로 되어 있으므로 '64 × 6'을 하면 384효가 된다. 이것을 토대로 그 사람의 일어날 일에 대해 효사[*]를 보고 해석을 하는 것이다.

주역을 배울 때 선생님께서 하신 말씀이 있다. "주역은 정치나 입시에 잘 맞습니다." 라는 말이다. 실제로 해보니 정말 그랬다. 특히 태어난 날짜를 모르지만 그 사람의 운에 대해 알고자 할 때 주역으로 답을 찾아 낼 수가 있다. 주역은 태어난 날짜가 필요 없기 때문이다. 예를 들어 "이 사람의 평생 재물 운은 어떤가요?" 하고 질문을 한 다음에 18변서법으로 결과를 알아내는 것이다. 주역에서 '서한다'는 표현을 하는데 이것은 서죽^{**}을 18번 나누어서 괘를 얻은 것을 말한다. 18번 나누어서 서한 결과가 64괘중 하나가 되는 것이다. 이것을 토대로 그 사람의 재물 운을 보는 것이다.

여자가 평생 재물 운을 봤을 때 건위천 괘가 나왔다면, 건위천은 陽^(양)의 괘이므로 평생 일을 해야지만 재물을 가질 수가 있는 운명이라고 볼 수가 있다. 거기에 더해서 육효 중에 어떤 효를 얻

---

* 효사 : 효를 풀이하여 설명한것
** 서죽 : 대나무산대

느냐에 따라 또 달라진다.

주역을 통해서 알고자 하는 바를 묻고 답을 얻을 수가 있는 것
이다. 주역으로 한 해 운수도 뽑을 수가 있는데 이 또한 사주를 몰
라도 된다. 주역은 앞으로 어떻게 살아야 할지를 가르쳐 준다. 어
려움에 처했을 때 어떤 처신을 해야 하는지에 대해서도 가르쳐주
기도 한다. 그 가르침을 토대로 살아간다면 나쁜 일이 일어나지
않을 수가 있다.

2012년도에 주역을 배우고 배운 이론을 가지고 사람들에게 봐
준 적이 있다. 그때 지인이 집이 팔리지 않아서 고민을 하고 있을
때였다. 그 집에 대해 주역으로 뽑아보니 '풍천소축'* 괘가 나왔다.
풍천소축에서 小畜(소축)은 축적한다. 모은다는 뜻이 있다. 이 뜻
은 적게 모은다는 뜻이다. 집이 팔리지 않아서 물어 본 것이니, 집
을 팔아도 이득이 적다는 뜻이다. 이득을 크게 보지 못하고 팔아
야 함을 알려주는 것이다.

풍천소축 괘의 모습은 다섯 개의 陽(양)에 한 개의 陰(음)이 자리

---

* 풍천소축 : 주역의 64괘 중 9번째 괘

잡고 있는 모습이므로 음양이 서로 조화를 이루지 못한 모습이기도 하다. 그렇다고 하는 것은 답답함이 아주 크고 우울증까지 올 정도로 스트레스를 받고 있다는 것을 나타내주기도 한다. 집을 내놓은 당사자의 심정까지 이렇게 알려주는 것이다. 거기에 4개가 動(동)했으므로 지산겸으로 괘가 바뀐 것이다. 이 괘가 나오면 당장의 매매는 이루어지지 않고 때를 기다려야 하기 때문에 마음을 놓고 있어야 한다. 지산겸으로 변했으니 욕심을 부려서는 안 된다. 시세보다 낮은 가격으로 매매를 해야지만 이루어지는 것이다.

주역에서는 왜 이 집이 팔리지 않는지에 대해 말해주기도 한다. 풍천소축 괘가 나왔으니 그 집에 오랫동안 누적되어 있는 잘못된 점이 있기 때문에 그 점을 고쳐야만 집의 매매가 되는 것이다. 풍천소축 괘는 陰(음)이 하나이므로 여자로 인한 잘못된 생활습관이 원인이 되기도 한다. 陰(음)은 여자이기 때문이다.

거기에 더해서 종교물이 또한 그 집에 있을 경우 이러한 이유로 집이 잘 나가지 않는 원인이 되기도 한다.

실제 이 집에 거주하는 사람은 여자인데 이 여자 분이 2년 동안 살면서 청소를 전혀 하지 않아서 집이 엉망이 되었다고 한다. 그래서 수리를 전부 했다고 한다. 세입자가 싱글 맘인데 우울증 환자에다가 종교는 기독교라고 한다. 애완동물을 키웠는데 온 집안에 곰팡이가 피어서 로얄 층 임에도 불구하고 1층보다도 더 집이 나가지 않았다고 한다. 이렇듯 주역으로도 사주 없이 충분히 결과가 나온다.

주역은 3대가 덕을 쌓아야 배울 수가 있다고 할 정도로 어려운 학문이다. 나 또한 공부는 했지만 다 배우지는 못했다.

주역에는 '공자 십익'이 있다. 공자가 주역에 열 가지의 날개를 달았다 해서 붙여진 이름이다. 십익에는 단전(상.하) · 상전(상.하) · 계사전(상.하) · 설괘전 · 문언전 · 잡괘전 · 서괘전, 이렇게 열 가지가 있다. 문언전에는 건위천과 곤위지에 관한 설명이 들어있다. 계사전만 빼고 다 배웠지만 아직도 잘은 모른다. 계속 파고들어야만 하는데 여러 가지 공부를 하다 보니 한 가지만 할 수가 없어서 지금은 손을 놓고 있다. 언젠가는 다시 주역을 제대로 공부해 볼까 한다.

사주에 관심이 많다면 주역도 꼭 공부하기를 권하고 싶다.

좋은 운을 부르는 방법

2
運

육효는
당장 급한 것을 말해준다

주역을 공부 했다면 뒤이어 육효를 공부하면 도움이 된다. 육효는 여섯 개의 효를 가지고 납갑을 붙여서 길흉을 알아보는 것이다. 주역을 배우고 나서 육효를 뒤이어 배웠다. 육효는 세세하게 답을 주는 매력이 있는 학문이다. 만약 주역도 육효도 배우고 싶다면, 주역을 먼저 배워야한다.

주역을 배울 때의 일이다. 도반* 중에는 육효를 먼저 배우고 주역을 배우러 온 사람들도 있었다. 그러나 육효 만큼의 세세한 부

---

* 도반(道伴) : 도를 함께 행하는 벗. 즉 같은 공부를 하는 사람

분을 주역에서는 대가가 아닌 이상 알기에는 힘들다. 따라서 육효의 재미에 빠져있던 사람들이 주역을 배우면 다소 싱겁게 느껴져 그만 두는 경우가 많았다. 나 같은 경우는 주역을 먼저 배웠기에 아무렇지도 않게 공부하며 신기해했다. 하지만 육효를 먼저 배웠더라면 나 역시 같았을 것 같았다.

주역의 64괘는 육효에도 그대로 적용된다. 따라서 주역을 먼저 배우면 육효를 이해할 때 좋은 점이 많다. 육효는 알고자 하는 상대방에 대해 자세히 알려주기도 한다. 주역을 배울 때 같이 공부한 도반이 있었다. 그 도반은 여자 분이였는데 육효로 월 삼천만 원의 수입을 올리는 분이었다. 그래서 별명을 '월 삼천여사'라 불렀다. 육효를 먼저 배웠지만 주역을 통해 더 많은 것을 알고자해서 주역 수업을 들으러 온 분이었다.

이 여자 분은 주역 수업을 들을 때 쉬는 시간 마다 우리에게 육효를 봐 주었다. 한 번은 같이 있는 다른 도반에게 육효를 그 자리에서 봐줬는데 자녀 관련 이야기를 하는 것이다. "애들 있죠? 오늘 애들 밖에 못나가게 하세요. 자손에 근심이 있네요." 하는 것이다. 이 말을 들을 때 시간이 밤 시간이었다. 그래서 "에이 설마…, 지금 애들이 다 집에 있을 시간이라 괜찮아요." 하며 대수롭지 않게 넘겼다. 그리고 다음 수업 때 그 도반이 와서 하는 말이 "육효

좋은 운을 부르는 방법

너무 신기해요. 그날 어떤 일이 있었는지 아세요?" 하는 것이다. 말을 들어보니 육효를 봐준 그 날 주역 수업을 마치고 집에 가니 큰 딸아이가 잠시 슈퍼에 간식을 사러가다가 차에 치일 뻔 했다는 것이다. 다행히 다치지는 않았지만 많이 놀랐다고 한다. 순간 그 날 육효를 본 것이 떠올라 소름이 끼쳤다고 한다. 실제로 그 자리에서 그걸 보고 나니 육효에 대해 묘한 매력을 느꼈다. 그리고 주역을 하는 도중에 육효를 배우게 되었다.

육효를 보는 법에는 척전법이 있다. 동전 세 개로 보는 법이다. 동전 세 개를 알고자 하는 것에 대해 간절한 마음을 담아 여섯 번 동전을 던져서 나온 결과를 보고 판단하여 길흉을 유추하는 것이다. 여섯 개의 효와 월과 일에서 주는 답은 세세하게 보여 줄때가 많다. 이것에 대한 물음에 관해 당장 급한 일에 대해 알려주는 경우가 많았다.

2013년 11월 어떤 여성분이 본인의 시험 합격 운에 대해 문의를 했는데 막상 육효를 보니 시험 합격 운보다 부모님 건강에 대한 문제점이 도드라지게 나왔었다. 육효에서 부모님은 부성이다. 부성이 많이 나온 괘였고 또한 공망이고 관이 변해 부성이 되었으니 부모님 건강에 문제가 있음을 보여주고 있었다. 이럴 경우에 부성*이 공망**일 경우에 공망출로*** 할 때 부모님 문제점이 일어나는 것이다. 거기에 더해 양효이므로 남자를 의미한다. 남자는 아버지다. 아버지에 대해 언급해줬더니 아버지 수술을 앞두고 있다고 하였다. 수술 날짜가 12월 초라고 하는데 육효에서는 12월 5일, 11월 28일에 수술을 할 것으로 나왔다. 날짜에 대해 언급해 준 그 날 저녁에 12월 초로 수술날짜가 잡혔지만 갑자기 아버지 상태가 나빠지셔서 11월 28일로 수술 날짜를 앞당겼다고 한다. 육효를 배우고 이렇게 결과를 내면서 느낀 바가 크다. 우리에게 당장 어떤 일이 우선인지를 말해 주고 있는 것이다. 주역도 마찬가지다.

꿈을 꾸고 나면 우리들은 흔히 꿈해몽을 인터넷이나 책으로 어떤 암시가 있는지에 관해 찾아본다. 꿈해몽에는 부자 되는 꿈, 흉몽 등 다양하게 있다. 돼지가 나오는 꿈은 좋은 꿈이라 생각하여 복권을 사기도 한다. 그러나 결과적으로 복권에 당첨되는 경우는

---

* 부성 : 명리로 말하면 인성과 같다.
** 공망 : 비어서 없는 것
*** 공망출로 : 비어서 없는 것이 빠져나오는 것

좋은 운을 부르는 방법

많지가 않다. 사람들을 만나면 꿈 이야기를 많이 한다. "어제 밤에 돼지꿈 꿨는데 복권 사도될까요?" 하며 눈을 반짝 반짝거리며 대단한 꿈을 꾼 냥 말을 한다. 그럴 때마다 해주는 말이 있다. "돼지꿈이라고 해서 로또 당첨되는 것이 아닙니다. 꿈을 보려면 육효로 봐 드릴께요." 이렇게 말을 하고 육효로 봐 준다. 꿈 이야기를 대하소설처럼 쭉 늘어놓는 사람들에게는 핵심만 말하게 한 뒤 그 내용을 가지고 어떤 암시가 있는지를 본다. 한 예를 들어 아는 동생의 남동생이 2018년 6월에 병으로 세상을 떠났다. 그런데 2018년 10월 달에 어떤 무속인이 남동생이 저 세상에서 좋지 않은 모습으로 있으니 굿을 하라고 했다고 한다. 그것 때문에 친정어머니와 고민을 하고 있는 찰나에 동생이 꿈에 나타난 것이다. 활짝 웃으며 나타났다고 한다. 동생이 꿈에 나타난 이유가 굿을 해야 해서 인지 그렇지 않다면 무엇을 의미하는지에 대해 궁금해 하였다. 100원짜리 동전 세 개만 있으면 육효로 무엇을 의미하는지 볼 수 있으므로 장소는 어디가 되었든 상관이 없다. 커피숍에서 커피를 마시다가 이 이야기가 나왔기 때문에 그 자리에서 무엇을 의미하는지 볼 수가 있었다. 육효를 본 결과는 남동생은 편안한 상태로 있는 모습이었다. 육효에서 孫(손)은 아픈 사람은 낫는 것을 의미하므로 이제는 고통에서 벗어나서 편안하다는 의미가 있다. 육효에서 남동생의 모습은 孫(손)*밑에 자리 잡고 있었기 때문에 그 꿈은 남동생이 고통 받고 있는 것을 의미하는 것은 아니었다. 단지 그 꿈이 말하는 것은 부성이 동했으니 해결해야할 문서문제가 있는 것이었다. "문서 문제 혹시 해결 할 일이 있나?" 라고 물어보니 "응, 있는데 언제 해결 될지 모르겠네." 라고 말하는 것이다. 부성이 동했는데 공망이였으니, 그 공망이 출로 하는 날 해결이 되므로 그 날짜를 말해 줬다. 그러고 11월 달에 문서와 관련하여 그 날짜에 도장을 찍었다고 한다. 그것을 암시해주는 꿈인 것이다.

종종 꿈을 자주 꾼다. 꿈을 꾸고 나면 찝찝한 꿈이 있다. 그럴 때 나 또한 육효로 꿈해몽을 한다. 그러고 나면 마음이 안심이 되기 때문이다. 흉몽이라고 생각하는 꿈들이 어쩔 땐 그렇지가 않을 때가 있기 때문이다. 좋은 꿈은 육효를 보지 않는다. 혹시나 좋지 않게 나올까봐 보지 않는다. 육효를 배우면 그런 면에서 아주 좋다. 내가 어떤 일을 진행 할 때 도움이 많이 되기 때문이다. 나아가야 할 때와 물러서야 할 때를 가르쳐 주기 때문이다.

---

* 孫(손) : 육효의 용어로써 명리로 말하면 식상과 같다.

육효에는 육충 괘라는 것이 있다. 어떤 여성분이 친구 분을 데리고 와서 상담을 한 적이 있다. 그 친구 분이 꿈 이야기를 하면서 심각하게 고민을 하기에 그것에 대해 육효로 봐주었다. 옆에서 그걸 유심히 보던 여성분이 "전에 저한테는 이거 안 해주셨잖아요?"라며 섭섭해 하는 것이다. "그 때 꿈 이야기를 안 하셔서 안 했던 겁니다." 라고 말을 했더니 "그럼 제가 오늘 아침에 꾼 꿈이 있는데 저도 한 번 해주세요." 하는 것이다. 이렇게 까지 말하는데 봐주지 않을 수가 없어서 봐 준적이 있다. 그때 그 여성분이 던진 괘는 육충괘였다. 육효에서 육충괘는 여자라면 이혼한 여자이거나 자신이 가정을 책임지고 가장으로써 살고 있는 여성에게서 많이 나온다. 그 여성분 역시 남편과 별거하면서 혼자서 살아가는 여성이었다. 이미 그 부분은 상담을 통해 알고 있었다. 그러면 무엇을 의미하나? 이건 약속이 깨어지든지 타인과 불화가 일어나는 꿈인 것이다. 육충괘는 깨어지는 것을 말하기 때문이다.

"혹시 오늘 약속이 있다면 깨어질 겁니다." 라고 말을 하니 "남자친구랑 만나기로 했는데 연락이 되지 않아요." 라고 하는 것이다. 만약 그날 돌아가서 남자친구를 만났다면 서로 싸우고 헤어졌을 확률이 높았을 것이다. 결혼한 남자나 여자가 하루 운세를 볼 때 육충괘가 나오면 부부싸움을 하게 되는 경우가 많다.

명리를 우선 공부한 뒤에 그 다음 주역을 공부하고 육효를 공부한다면 많은 도움이 될 것이다.

주역을 공부하지 않을 것이면 바로 육효를 배워도 된다. 처음에는 이해가 되지 않겠지만 자꾸 하다 보면 이해가 된다. 첫 술에 배부르지는 않다. 나 또한 10년 넘게 공부했지만 아직도 모른다. 그러니 첫 내딛는 발을 두려워하지 말고 일단 공부를 시작해 보는 것도 내 인생을 바꿔 보는 계기가 될 수가 있을 것이다.

타인에게 나의 운명을 맡기기보다 스스로가 나의 운명을 알고 나아가는 것이 얼마나 현명한 방법인지 이 책을 통해 알았으면 한다. 한자를 몰라서 못한다가 아니다. 할 마음이 있다면 누구든지 할 수 있다. 한자 문외한이었던 나도 이 공부를 10년 넘게 하고 있으니 말이다.

좋은 운을 부르는 방법

3

運

타로는 현 상황을
그대로 보여준다

주역과 육효로 사주를 몰라도 그 사람의 운을 볼 수가 있다면 또 하나의 방법이 있다. 그건 '타로'이다. 타로는 많이들 들어봤을 것이다. 대학가에 가면 타로점이 많이 있다. 타로를 전문적으로 공부하지는 않았다. 아는 도반에게 기본적인 것을 배웠는데 타로 또한 적중률이 높았기에 사주를 몰라도 충분히 볼 수가 있고 재미도 있다.

지인 중에 태어난 날을 몰라서 운을 예측할 수 없어서 늘 답답해하는 사람이 있었다. 그곳에 갈 때 꼭 지참 하는 것이 타로카드다. 타로로 궁금한 부분에 대해 알 수가 있기 때문에 재미있어 한다. 보는 법도 복잡하지가 않으므로 더욱 더 좋아하는 것 같았다.

타로카드 속 그림의 내용을 잘 분석하면 그 곳에 답이 들어가 있다. 연애운 · 학업운 · 직장운 · 결혼운 · 승진운 등 모두 볼 수가 있다.

타로는 본인이 스스로 카드를 뽑아야 하므로 카드를 뽑는 그 순간에 모든 기운이 카드 속에 들어간다. 본인의 간절함이 카드 속에 묻어나므로 해답을 주는 것이다. 그 또한 읽어 내는 사람의 역량에 달려 있겠지만 대체적으로 읽어 내는 사람들이 잘 읽어 내는 경우가 많다. 문화센터나 평생교육원에서도 타로를 가르쳐 주는 곳이 많다. 그런 곳을 이용하여 타로를 배워보는 것도 좋을 것이다.

타로로 그 날의 일진 즉 운을 볼 수도 있다. 간단하게 카드 세장을 뽑아서 첫 번째 카드는 오전 두 번째 카드는 낮 세 번째 카드는 밤으로 해서 하루 운을 보는 것이다. 타로든 육효나 주역이든 처음 배우기 시작하면 일진을 먼저 뽑는다. 하루의 운세를 뽑아서 해석하는 방법을 익히는 것이다. 타로를 처음 배웠을 때 하루의 운세를 뽑아서 읽는 법을 익혔다. 맞을 때도 있고 아닐 때도 있었지만 하루의 운세를 뽑는 것이 타로를 공부할 때 도움이 많이 되었었다. 타로 속 카드가 의미하는 것을 잘 숙지해서 질문자의 물음에 대해 그 의미를 찾아내어 올바른 해답을 찾는 것이 중요하다.

좋은 운을 부르는 방법

주역이나 육효나 타로나 공통점이 있다. 같은 것이 계속 나올 때는 그 부분에 대해 의미하는 바가 있다. 그것을 놓쳐 버리면 안 된다. 처음부터 그걸 알지는 못하지만 경험이 쌓이다 보면 알 수가 있다. 나 또한 실수 한 적이 있다. 한 여성분이 타로를 같은 날 같은 시간에 여러 번 다른 문제로 봤는데 뽑을 때 마다 같은 카드가 나오는 것이다. 텐소드라는 카드였다. 이 카드의 모습은 한 남자가 엎드려 쓰러져 있고 그 위로 긴 칼이 10개나 엎드려져 있는 등위에 꽂혀 있는 카드이다. 이 카드가 나오면 휴식이 필요하다는 뜻이다. 그동안 힘들어서 쉬고 싶다는 의미를 말하는 것이다. 그 여성분 또한 바쁘게 살아가는 여성이다.

"이 카드는 지금 너무 힘드니 휴식을 가지라는 뜻인데 자꾸 이 카드가 나오는 것을 보니 피곤하신가봅니다. 휴식을 좀 가지세요."라고 말했었다. 이 카드에 대해 숙지한 내용은 이것이기에 이 말 밖에 해주지 못했다. 타로를 봐주고 얼마 뒤 이 여성분에게 전화가 왔다.
"등이 너무 아파 병원에 가니 대상포진이랍니다."

그 말을 듣는 순간 거기까지 생각하지 못했던 것을 후회하기 보다는 이 여성분으로 인해 그렇게 볼 수도 있다는 것을 배웠다. 카드 속에 그 여성분의 기운이 다 들어가므로 당장 여성분의 현 상태를 보여 준 것 이였다. 이런 것이 바로 경험이다. 하나의 카드에 여러 가지 뜻이 담겨 있는데 그 뜻이 무엇인지를 파악해서 답을 찾는다는 것은 신비의 세계 속에 들어가는것과 같다. 한 번도 경험해 보지 못했던 미지의 세계를 보는 것과 같다.

타로 카드 속에 있는 숫자가 의미하는 바도 크다. 몇 년 전에 타로를 봐 준 적이 있는데 이 분 역시 여성 분이였다. 이 여성분은 타로를 처음 봤다고 한다. 뽑은 카드는 식스 소드였다. 식스 소드는 작은 배위에 한 여성과 아이가 등을 등진 채 배를 타고 있고 사공이 노를 젓는 모습과 배위에 칼이 여섯 개 꽂혀있는 모습이다. 이 여성분은 사별하신 분이다. 칼이 여섯 개 꽂혀 있는 모습을 보고 사별한지 6년 되었는지 물어보니 기억을 더듬어 계산해 보고는 6년이 되었다고 한다. 힘겹게 아이들과 홀로 6년 동안 세상을 살아 온 것을 이 카드가 보여주고 있는 것이다. 하지만 이 카드는 새로운 출발을 의미하기도 하고 점점 나아지는 상황을 보여주는 카드이기 때문에 처음에는 힘들었지만 훗날 좋아지는 것을 의미하기 때문에 나쁘지 않았다. 눈물을 훔치는 여성분을 보니 마음이 안타까웠다. 6년이라는 시간동안 아이들은 크고 본인도 그 동안 홀로서기를 해야 했으니 얼마나 외롭고 힘들었을까? 생각하면 나 또한 먹먹해진다. 좋은 쪽의 의미라서 다행이지만 타로를 보면서 마음이 편치는 않았다. 지금 이 여성분은 딸은 결혼하고 새롭게 결혼하여 행복하게 살고 있다.

　한 번은 이런 일도 있었다. 2014년도였을 것이다. 사주를 상담하고 타로를 봐 줬는데 남편에 대한 질문을 하였다. 그때 나온 카드가 쓰리 오브 컵 카드였다. 이 카드의 모습은 아름다운 여자 세 명이 술잔을 높이 들고 있는 모습의 카드였다. 카드를 보자 말자 "남편 분 술집에 여자들이랑 어우러져 가게 되면 문제가 생기니 그렇게 못하도록 하세요." 라고 말했다. 그랬더니 " 우리 남편은 여자들이랑 술집에 잘 안갑니다." 라고 하는 것이다. 그런가보다 하고 시간 흘러 만나게 되었는데 "타로가 너무 잘 맞는 것 같예요." 하는 것이다. 남편이 술집에 갔는데 여자들이랑 문제가 생겨서 큰 일 날 뻔 했다고 한다. 다행히 무사히 해결은 되었지만 타로가 말해주는 이야기에 놀라지 않을 수가 없었다. 타로를 정말 잘 읽어내는 분들에게 상담을 해보면 놀랄 정도로 잘 맞춘다. 나 같은 경우는 타로를 기본만 배웠기에 정확성은 떨어진다.

40대 후반의 여성분은 아이가 생겨도 유산이 되고 그런 와중에 겨우 딸을 낳았는데 그래서인지 딸에 대한 애착이 강하였다. 그 애가 초등학교 2학년이 되었을 때 학업에 신경을 많이 쓰는 것이다. 타로를 봐주면서 아이에게 엄마가 거는 기대가 너무 크다는 생각과 함께 그 아이가 억압받는 감정이 큼이 보여서 그 부분에 대해 설명을 해줬더니 자신도 그것을 알고 있었다. 하지만 마음 대로 그게 되지가 않는다고 한다. 보고 있으면 답답하고 더 잘 했으면 좋겠다는 생각에 아이의 의사와는 상관없이 이것저것 형편에 맞지 않지만 가르치고 싶다고 한다. 타로 뿐 아니라 주역 육효 명리학 등의 좋은 점은 생각을 바꾸게 할 수가 있다는 것이다. 타로를 보면서 아이의 감정을 이야기 해주면 엄마들은 눈물을 흘린다. 사실 알고 있다. 타로에서 말을 하지 않아도 육효나 사주에서 말을 하지 않아도 엄마들은 아이의 감정을 알고 있다. 그러나 엄마의 욕심에 그 감정들을 무시해 버린다. 그러다가 아이의 감정을 타인이 꿰뚫어 말할 때 비로소 자신을 돌아보게 된다. 보통의 엄마들을 상담하다보면 거의가 똑 같았다. 그래서 도움이 되기도 한다. 본인을 다시 보니 말이다. 이렇게 좋은 것을 배우고 스스로가 익혀서 내 가족을 위해 삶의 지혜로 쓴다면 이보다 더 좋을 수는 없다.

좋은 운을 부르는 방법

태어난 날짜를 모를 때 운을 보는 방법을 통해서 또 다른 세계를 맛 볼 수가 있을 것이다. 나와 다른 타인을 이해하는데도 도움이 된다. 그 사람의 사주를 알고 그 사람의 성향을 읽어 내어 이해를 할 수도 있다. 그 사람의 사주를 몰라도 주역으로 그 사람이 어떤 사람인가를 보면 그 사람의 성향을 알 수가 있다. 육효로 그 사람이 어떤 사람인지를 볼 수가 있다. 타로로 그 사람이 나를 어떻게 생각하고 있는지도 볼 수가 있다. 이것이 미신이라고? 천만에 말씀이다. 몇 천년을 내려온 학문이다. 이것을 미신이라 하며 천대 한다면 몇 천년 동안 연구하여 후학들에게 연구한 부분을 남겨주고 떠나신 분들을 모욕하는 행위다. 사람에 따라 받아들이는 역량이 틀리다. 그래서 틀리는 경우도 많다. 그건 상담하는 사람의 역량이지 이 학문이 잘못되었기 때문은 아니다. 너무 어렵다. 나 또한 상담을 하면서도 두려움이 많다. 그래서 지금은 상담보다는 나를 더 갈고 닦는 시기를 보내고 있다. 상담하면서 부족했던 부분들을 알기에 그것에 대해 학문적으로 더 찾아서 공부를 하고 있는 중이다.

마치며

선이 차곡차곡 쌓여 당신께 돌아오길…

처음 이 책을 쓰려고 할 때는 무엇을 어떻게 써야할지 막막했다. 머릿속에 있는 배움을 글로써 전달해야 한다는 것은 쉬운 일은 아니었다. 그래서인지 글이 점점 완성되어 갈수록 아쉬움이 많이 남았다. '이것도 써야하는데?' '저것도 써야하는데?' 이런 아쉬움…. 하지만 너무 많은 내용은 혼돈을 줄 수도 있어 최대한 필요한 내용만 담았다. 이 책이 사주팔자를 알고자 하는 분들에게 꼭 필요한 도움이 될 수 있길 바란다.

사주명리학을 공부하면서 인연법을 배웠다. 인연법을 배우고 나니 나와 인연이 되는 사람들을 알 수가 있었다. 이 책을 구매해서 읽으시는 분들 또한 나와 인연이 있을 것이라 생각된다. 좋은 인연은 좋은 운을 끌어당긴다. 나쁜 인연은 나쁜 운을 끌어당기기도 한다.

지금 '마치며'라는 부분을 쓰고 있는 나에게는 좋은 기운이 있다고 믿는다. 그래서 이 글도 쓸 수 있다고 생각이 된다. 그러므로 이 책을 읽으시는 모든 분들에게도 좋은 기운이 함께 할 것으로 믿는다. 좋은 말은 좋은 운을 끌어당기므로 필시 그러하리라 믿는다.

주역의 문언전(文言傳)에 나오는 구절 중에 우리가 필히 알아야 할 부분이 있다. 이것을 알면 '세상이 어지럽지 않을 텐데'하는 생각이 드는 구절이다. 그러나 어둠이 있으면 밝음이 있고, 밝음이 있으면 어둠이 있는 것이 우리가 살아가는 세상의 이치다. 따라서 이 책을 읽으신 분들만이라도 이 구절의 내용을 따른다면 조금이라도 세상이 밝아지지 않을까 싶다.

積善之家 必有餘慶　積不善之家　必有餘殃
(적선지가 필유여경　적불선지가　필유여앙)

'선을 쌓은 집은 반드시 남은 경사가 있고 불선을 쌓은 집은 반드시 남은 재앙이 있다'라는 뜻이다.

선을 쌓는다는 것은 어렵다. 그러나 우리들은 선을 쌓아야 한다는 것을 알고는 있다. 불선을 쌓는 것은 알게 모르게 쌓고 있으므로 쉽게 쌓여진다. 유유상종(類類相從)이라고 선은 선을 부르고 악은 악을 부른다.

이 책을 읽고 선을 쌓는 가정을 이루어 나와 자손이 복을 받았으면 한다. 이 책 속 내용을 가지고 심적으로 힘든 이들에게 희망의 메시지를 전해 줄 수 있길 바란다. 나와 생각과 행동이 다른 타인을 이해하는 것도 선을 쌓는 행위이다. 그러나 무턱대고 이해하라는 것은 아니다. 이 책을 참고해서 그 사람의 사주를 보고 '그럴 수도 있겠지'하고 이해를 한다면 선이 차곡차곡 쌓여 부메랑처럼 돌아올 것이다. 나 자신을 알게 되므로 인해 무조건 남을 탓하지도 않게 된다. 그 또한 선을 쌓는 것이다.

끝으로 이 책을 읽는 모든 분들이 선을 쌓아 반드시 좋은 일이 생겼으면 한다. 이 책이 '積善之家 必有餘慶'(적선지가 필유여경)으로 한걸음 나아갈 수 있는 계기가 되었으면 하는 바람과 함께 글을 마치려고 한다.

세상 모든 지식과 경험은 책이 될 수 있습니다.
책은 가장 좋은 기록 매체이자 정보의 가치를 높이는 효과적인 도구입니다.

갈라북스는 다양한 생각과 정보가 담긴 여러분의 소중한 원고와 아이디어를 기다립니다.

– 출간 분야: 경제 · 경영/ 인문 · 사회 / 자기계발
– 원고 접수: galabooks@naver.com